SOLO
ALMA
SOCIEDADE

Satish Kumar

SOLO
ALMA
SOCIEDADE

Tradução
Cristiana Ferraz Coimbra
Tônia Van Acker

Palas Athena

Título original: *Soil, Soul, Society - a new trinity for our time*
Copyright © Satish Kumar 2013

Grafia segundo o Acordo Ortográfico da Língua Portuguesa de 1990, que entrou em vigor no Brasil em 2009.

Coordenação editorial: Lia Diskin
Capa e projeto gráfico: Vera Rosenthal
Produção e diagramação: Tony Rodrigues
Foto da capa: Joana Brasiliano
Preparação e revisão: Thelma Annes de Araújo
Revisão de provas e índice remissivo: Lucia Benfatti e Rejane Moura

Dados Internacionais de Catalogação na Publicação (CIP)
(Câmara Brasileira do Livro, SP, Brasil)

Kumar, Satish

Solo, alma, sociedade: uma nova trindade para o nosso tempo / Satish Kumar; tradução Tônia Van Acker e Cristiana Ferraz Coimbra. -- São Paulo: Palas Athena, 2017.

Título original: Soil, Soul, Society - a new trinity for our time
ISBN: 978-85-60804-32-0

1. Desenvolvimento sustentável - Aspectos sociais 2. Ecologia 3. Espiritualidade 4. Proteção ambiental - Aspectos religiosos 5. Solo I. Título.

17-02229 CDD-261.8362

Índices para catálogo sistemático:
1. Ecologia e religião : Teologia social   261.8362

2ª edição, dezembro de 2020

Todos os direitos reservados e protegidos pela
Lei 9610 de 19 de fevereiro de 1998.
É proibida a reprodução total ou parcial, por quaisquer meios, sem a autorização prévia, por escrito, da Editora.

Direitos adquiridos para a língua portuguesa no Brasil por
Palas Athena Editora
Alameda Lorena, 355 – Jardim Paulista
01424-001 São Paulo, SP Brasil
Fone (11) 3050-6188
www.palasathena.org.br
editora@palasathena.org.br

A meus amigos e anfitriões James e Margaret Sainsbury

ÍNDICE

Satish Kumar, um homem de coragem e imaginação 11
Gratidão 13
Prefácio 14
Introdução 15

1. SOLO, ALMA, SOCIEDADE 19
2. O MUNDO EM UM LÓTUS 51
3. SEJA A MUDANÇA 69
4. VERDADES EM TAGORE 91
5. CABEÇA, CORAÇÃO E MÃOS 107
6. O PEQUENO AINDA É BONITO 127
7. NOVO PARADIGMA *VERSUS* VELHO PARADIGMA 149
8. O UNIVERSO BENEVOLENTE 157

Bibliografia e Agradecimentos 170
Outros livros de Satish Kumar 171
Índice remissivo 172

Satish Kumar, um homem de coragem e imaginação

Há mais de vinte anos Satish Kumar é um dos meus amigos mais queridos, não apenas por sua natureza cálida e inspiradora, mas também por causa dos muitos outros visionários a quem fui apresentada enquanto trabalhei com ele no Schumacher College e em outros lugares.

Dentre outros destacados e radicais pensadores, menciono o arquetípico psicólogo James Hillman, cuja extraordinária obra *The Soul's Code* [*O código do ser*] promove a compreensão de que não chegamos ao mundo como tábula rasa, uma folha em branco, mas trazemos indícios de quem já somos e qual será a tônica de nossa vida. Para apoiar sua tese, Hillman cita muitos exemplos convincentes de pessoas cujos destinos foram moldados por esse tipo de conhecimento intuitivo. Contudo, me parece que ele poderia dispensar essa busca por provas conclusivas para sua tese, visto que a prova viva é a trajetória de seu amigo Satish Kumar.

Por que outro motivo, me pergunto, um menino de nove anos de idade do Rajastão diria a sua família que era chegada a hora de deixá-los para entrar na ordem dos monges jainistas, que, em sua absoluta reverência pela vida, estão entre as ordens religiosas mais ascéticas? Ele já conhecia seu dever de tornar-se um Peregrino da Terra. Como explicar a urgência da voz interior que instou Satish – então com 18 anos e consciente dos sofrimentos e injustiças do mundo – a deixar aquela ordem mendicante e seguir os ensinamentos de Mahatma Gandhi, aderindo à campanha não violenta de Vinoba Bhave em prol da reforma fundiária na Índia?

Não há outra explicação para o fato de que, em 1962, a campanha de Bertrand Russell pelo desarmamento nuclear tenha inspirado Satish e seu amigo E. P. Menon a fazer a pé, sem um centavo no bolso, uma peregrinação de paz de Nova Delhi até Moscou, Paris, Londres e Washington, levando um pacote de chá da paz para cada líder das quatro potências nucleares. O chá ia acompanhado de um conselho: Que eles tomassem tranquilamente uma xícara de chá juntos antes de recorrerem a armas nucleares para solucionar seus problemas. Da mesma forma, como explicar o fato de que, quando este ativo idealista de origem tão humilde, ao chegar ao Reino Unido em 1973, tenha se estabelecido tão rapidamente como uma das vozes mais sérias e relevantes do país?

Satish Kumar é, sem dúvida, um homem que honrou com coragem e imaginação exemplares o destino especial que o trouxe a esta vida. Ele ganhou renome internacional como editor da revista *Resurgence*, que por décadas tem sido a mais articulada defensora da consciência ecológica, da justiça social e econômica e de um modo de vida reverente, caracterizado pela filosofia da não violência e por valores espirituais humanitários. Ao fundar a Small School em Hartland, criou um modelo para educação comunitária criativa e, como energético fundador e diretor do Schumacher College, trouxe alguns dos mais importantes pensadores e ativistas do mundo para ensinar na Inglaterra, ao mesmo tempo desempenhando seu próprio e vital papel na evolução da consciência que procura se estabelecer em nosso tempo.

Em virtude de seu cuidado apaixonado para com a vida deste lindo planeta, que temos prejudicado de tantas maneiras destrutivas, Satish Kumar há muito vem promovendo incansáveis campanhas importantes e urgentes. Seja como editor, educador, escritor ou palestrante no rádio ou na televisão, sua vida e obra são demonstrações vivas do que pode ser realizado quando nossa percepção do mundo e nossas atividades em seu meio são revestidas pelos poderes de cura e transformação da alma. Esses poderes estão presentes, em toda a sua vivacidade e potência, nas páginas deste livro.

LINDSAY CLARKE

Gratidão

Esta obra não teria sido possível sem a ajuda e o apoio de June, minha esposa. Quase toda manhã, tomando chá, mantemos uma conversa não doméstica, e nessas ocasiões revisitamos ideias antigas, exploramos novos conceitos e cristalizamos conclusões provisórias. Esses diálogos cheios de meandros fluem livremente. Na maior parte do tempo as ideias vêm e vão, mas algumas permaneceram nos meus pensamentos e agora se materializam neste livro.

Além disso, June tem sido generosa com seu tempo e participado do processo de escrever, criticar e revisar. Não há palavras para fazer justiça e expressar minha profunda gratidão a ela por sua atenção e envolvimento.

Também gostaria de agradecer profusamente a Lee Cooper, meu amigo por quarenta anos, que digitou o manuscrito de forma meticulosa. Lee, June e eu começamos a trabalhar juntos na revista *Resurgence* em 1973. Desde então Lee foi, e ainda é, um forte e inabalável apoio.

Meu agradecimento sincero a Elaine Green, que tem trabalhado comigo e me ajudado com meus escritos já há mais de uma década. Seu apoio altruísta foi vital para dar forma a este livro.

Minha grata apreciação a Monica Perdoni, que foi quem, desde o princípio, me inspirou e incentivou a escrever esta obra. Como editor da revista *Resurgence & Ecologist*, professor do Schumacher College e palestrante, me resta muito pouco tempo para escrever. Mas foi a amizade e persuasão de Monica que me levaram a reservar algum tempo para colocar estas palavras no papel. Portanto, muito obrigado, Monica!

Prefácio

O solo é a fonte de toda vida, literal e metaforicamente. Toda a vida vem da mãe terra e a ela retorna. Amo a terra como minha mãe e dela cuido. O solo contém terra, ar, fogo e água. Ele é a própria natureza.

Se meu corpo externo é solo, meu corpo interno é alma. Assim como cultivo o solo para produzir alimentos para o corpo, cuido da alma para cultivar o amor, a compaixão, a beleza e a unidade, a fim de concretizar a harmonia dentro e fora de mim.

Quando estou à vontade interiormente, estou à vontade exteriormente. Sinto-me à vontade com toda a humanidade. Através do cuidado com o solo, me torno membro da comunidade da Terra, e ao cuidar da sociedade me torno membro da comunidade humana. Bilhões de pessoas, com toda sua diversidade cultural e de cor, formam uma só família humana. Sofro com seu sofrimento e me alegro com sua felicidade. Assim, posso transcender na esfera da equanimidade.

Portanto, a trindade Solo, Alma, Sociedade é uma forma de dizer em três palavras tudo aquilo a que estamos relacionados, interconectados, e de que somos interdependentes. É uma trindade de inteireza e unidade da vida em sua miríade de formas.

Introdução

A trindade Solo, Alma, Sociedade é uma destilação de muito aprendizado e vida. Nascido e criado na Índia, onde passei a primeira metade de minha vida, e depois vivendo no Ocidente a segunda metade, recebi muito dos dois mundos e sou grato por isso.

Enquanto lia *Talks on the Gita* [Conversas sobre a *Gita*], de Vinoba Bhave, dei com um conceito expresso em três palavras sânscritas que me infundiram a compreensão de como estabelecer um relacionamento correto com a natureza, com o ser e com a sociedade.

Mais tarde, na jornada pela paz de Nova Delhi até Moscou, Paris, Londres e Washington, percebi que a paz não é apenas a ausência de guerra; é um modo de ser e estar no mundo em harmonia com o planeta Terra, consigo mesmo e com outros seres humanos, independentemente de raça, religião ou nacionalidade. Essa longa caminhada tornou-se minha meditação sobre a realidade da interdependência e do interser.

Estudei a filosofia budista desde a infância, mas foi apenas quando refleti sobre os ensinamentos do Buda no contexto das inter-relações planetárias, individuais e pessoais é que compreendi o significado profundo das quatro nobres verdades – que, percebi, são um meio de curar a Terra, a alma e a sociedade. Não pode haver cura do ser se a Terra está doente e as comunidades humanas em sofrimento.

Quando jovem, fui monge jainista e aprendi os princípios de não violência, autocontrole e autodisciplina, mas via esses princípios apenas do ponto de vista da liberação pessoal. Contudo, estudando a *Gita*, caminhando a pé por vários países, examinando o significado profundo das quatro nobres verdades em minhas meditações, vim a enxergar os princípios jainistas sob outra luz. Evitar fazer o mal, praticar a não violência em relação a plantas, animais e pessoas, é também um modo de melhorar nosso relacionamento com o mundo natural, o mundo interior e o mundo social. Se nossa civilização adotasse a não violência, o autocontrole e a autodisciplina, evitaríamos as calamidades ecológicas, a alienação pessoal e a injustiça social.

A palavra usada pelos jainistas e pela *Gita* para falar de autodisciplina é *tapas*, que em sua raiz está relacionada com calor. Achei isto interessantíssimo. Certa vez, Vinoba explicou, que quando a fruta amadurece no calor do sol, ela ganha uma bela cor, um aroma encantador e um sabor delicioso, porque passou pelo calor do sol. Se desejamos amadurecer e nos tornarmos doces, precisamos também passar pelo calor da autodisciplina. Mesmo os grãos e vegetais amadurecidos pelo sol precisam passar pelo calor do fogo para se tornarem comestíveis e digeríveis. Metaforicamente, esses alimentos estão praticando *tapas*. Um outro exemplo é o ouro: para transformar uma barra de ouro em joias que podem ser usadas, o ouro deve passar pelo calor do fogo. O barro precisa passar pelo calor do forno para se tornar um utensílio. Sem praticar autodisciplina, não podemos passar do ser para o tornar-se. Todas as práticas espirituais são formas de autodisciplina para fortalecer a alma e nos tornar mais resilientes às vicissitudes.

Mahatma Gandhi deu um exemplo supremo de autodisciplina, e também de prática do autocontrole e da não violência. Ele apresentou uma trindade própria, muito similar à trindade Solo, Alma, Sociedade. Ao longo de toda a minha vida, Gandhi tem sido a luz que me guia. Seja implícita ou explicitamente, ele insistia na reverência por todos os seres vivos, fossem humanos ou não. Sempre reservava tempo para a prática da meditação, do silêncio, de orações e jejuns, a fim de cuidar de sua alma. Também dedicou sua obra ao soerguimento dos pobres, dos intocáveis, dos humilhados e necessitados. Portanto, as ideias gandhianas são essenciais para a apresentação da trindade Solo, Alma, Sociedade.

Introdução

Embora a vida de Gandhi ofereça terreno fértil para a minha trindade, foi Rabindranath Tagore quem montou o cenário através da poesia. A política sem poesia fica incompleta. Desde que conheci as histórias, canções, pinturas, peças e poesia de Tagore, fui conquistado pelo poder de sua imaginação. Estaremos mal equipados para cuidar da alma, nutrir a alma, a natureza e a sociedade sem o poder da imaginação manifestado pelo encantamento da poesia, pelo feitiço das canções. Portanto, a trindade Solo, Alma, Sociedade se inspira muito na poesia de Tagore.

Tagore não era apenas poeta, foi também um grande educador. Fundou uma escola e uma universidade. Ele dava aulas sob as árvores e dizia a seus alunos: "Vocês têm dois professores: eu, um professor humano, e a árvore, sob a qual estamos sentados, que é seu professor natural. Vocês podem absorver muito mais sabedoria dela do que de mim". Tagore estava coberto de razão. Quem é capaz da generosidade de uma árvore? A árvore dá frutos incondicionalmente a qualquer um, em qualquer lugar.

Tagore foi minha inspiração para fundar a Small School em Hartford, onde vivo, e também o Schumacher College em Darlington, ambos em Devon, Inglaterra. Nesses experimentos pedagógicos procuramos ampliar o foco da educação pois, em vez de enfatizar a leitura, a escrita e a aritmética, dedicamo-nos à cabeça, ao coração e às mãos.

Minha vida como monge jainista, caminhante pela paz, estudante de filosofia budista, trabalhador do movimento gandhiano e seguidor da sabedoria de Tagore me levaram ao contato com os ideais do Ocidente. Então conheci E. F. Schumacher, um economista ocidental, ambientalista, filósofo e praticante de disciplinas espirituais. Ele era a personificação dos ideais Solo, Alma, Sociedade. Se me pedissem que citasse o livro ocidental que mais moldou meu pensamento, citaria sua obra *Small is Beautiful*. Quando as tendências mundiais caminhavam para a centralização, a globalização, a militarização e a comercialização, Schumacher teve a coragem e a audácia de falar em favor de um modo de vida local, autossustentável, ecológico, espiritual, simples e não violento. Esses valores e o exemplo vivo dado pelo próprio Schumacher modelaram minhas atividades como escritor e editor.

Boa parte da minha obra teve por fim jogar luz sobre a filosofia de inteireza e a articulação entre Solo, Alma e Sociedade. Este livro é um modo de reconhecer minha dívida para com os mestres e ativistas que me precederam, e render meu tributo de gratidão por suas obras inspiradoras.

1
SOLO, ALMA, SOCIEDADE

> *Coloco o solo primeiro porque ele representa a natureza e sustenta todo o sistema da vida. Tudo vem do solo e volta para o solo.*

SOLO
ALMA
SOCIEDADE

Muitas vezes, grandes movimentos e filosofias perenes ao longo da história resumiram sua mensagem essencial em três palavras: uma trindade. Na tradição hindu, uma das trindades é Brahman, Vishnu e Shiva – os princípios de criação, continuidade e decadência, ou, em outras palavras, nascimento, vida e morte. Os cristãos têm o Pai, o Filho e o Espírito Santo. Os gregos tinham como foco a Verdade, a Bondade e a Beleza.

Os autores da Constituição estadunidense criaram Vida, Liberdade e a Busca da Felicidade. A Revolução Francesa falava de Liberdade, Igualdade e Fraternidade. Nos nossos tempos, o movimento da Nova Era formou-se em torno dos conceitos de Mente, Corpo e Espírito. Cada uma dessas trindades tem sua razão de ser e é relevante em seu próprio contexto – mas nenhuma delas representa uma visão de mundo holística e ecológica de modo explícito. São espirituais ou sociais, mas na sua maioria antropocêntricas, e deixam de ressaltar nosso relacionamento com a natureza e as conexões entre o âmbito social e o espiritual.

Contudo, encontrei três palavras num antigo texto hindu, a *Bhagavad Gita*, que estimularam meu pensamento sobre ecologia, espiritualidade e humanidade. Em sânscrito, as três palavras eram *yagna*, *tapas* e *dana*. *Yagna* dá forma ao relacionamento entre humanos e natureza, *tapas* está ligada à dimensão interna e *dana*, aos relacionamentos sociais. Traduzi e interpretei esta trindade como Solo, Alma, Sociedade.

O CUIDADO COM O SOLO

Coloco o solo em primeiro lugar, pois ele representa a natureza que sustenta todo o sistema da vida. Tudo vem do solo e para ele retorna. O alimento que sustém a vida vem do solo. A água que nutre a vida está dentro da terra. O sol, a lua e as estrelas têm relação com o solo. A terra é metáfora para todo o sistema da natureza. Se cuidarmos do solo, o solo cuidará de todos nós. Através do solo estamos todos relacionados e interconectados. Somos sustentados e nutridos pela terra. Dependemos da terra. Todos os seres vivos dependem da terra, que trata todos os seres vivos com igualdade. Ricos ou pobres, poetas ou camponeses, jovens ou idosos, quem quer que seja, a terra nos ama a todos incondicionalmente e nos alimenta sem discriminação.

> A esperança é um ser emplumado
> Que na alma empoleirado
> Canta uma melodia sem palavras
> Que nunca, nunca para.
>
> EMILY DICKINSON

Infelizmente, as ciências, a tecnologia, a economia e a filosofia se desenvolveram de tal forma nos últimos séculos que elevamos a humanidade a uma posição de mando e conferimos à espécie humana um *status* maior do que o de todos os outros seres. Desenvolvemos uma visão de mundo que impõe a espécie humana como superior a todas as outras. Animais, florestas, rios e oceanos devem servir e atender não apenas as necessidades da humanidade, mas também sua ganância e desejos. Esse modo de pensar tem sido chamado de "especismo", um conceito que prega a superioridade da espécie humana sobre todas as outras.

Essa visão de mundo arrogante levou à derrocada dos relacionamentos recíprocos, mútuos, respeitosos, reverentes e espirituais entre os humanos e o restante da natureza. De fato, os humanos acabaram por acreditar que estão separados da natureza e acima dela. A natureza está lá fora: florestas, rios, pássaros e a vida natural; e os humanos estão aqui, fechados em casas, palácios, castelos, apartamentos, escritórios, carros, trens e aeronaves.

No passado recente, filósofos e cientistas consideraram correto que a humanidade se lançasse à missão de conquistar a natureza através da tecnologia, da ciência, da indústria e do comércio. A humanidade tem estado em guerra contra a natureza ao longo dessa era industrial e tecnológica, e tem envenenado o solo com químicos e pesticidas em nome do aumento na produção de alimentos. Prendemos aves e outros animais em gaiolas e jaulas e os tratamos com crueldade a fim de obter cada vez mais lucros com a venda de proteína animal. A destruição inclemente das florestas tropicais e decíduas tem como justificativa o aumento da área de terras aráveis para o agronegócio. A escala em que ocorre a pesca industrial é outro exemplo de nossos atos de guerra contra a natureza. Mal percebemos que, mesmo que fosse possível vencer essa guerra, acabaríamos do lado que perdeu.

A luta contra a natureza é travada devido à convicção de que a função da natureza é ser combustível para o motor da economia. Mas a verdade é que a economia é uma subsidiária da ecologia. Se o capital natural for dilapidado, se o ambiente natural for destruído, a economia será eliminada!

Portanto, o desafio da humanidade no século XXI é ter a humildade de se reconectar com a natureza. Precisamos compreender que a natureza não está "lá fora"; nós também somos a natureza. A palavra natureza significa nascimento. Natal, natividade, nativo, natureza, todas vêm da mesma raiz. Tudo que nasce e vai morrer é natureza. Como os humanos nascem e morrem, são natureza também. Portanto, a natureza e os humanos são uma coisa só. Por isso precisamos compreender que tudo que fazemos à natureza, fazemos a nós mesmos. Se prejudicamos a natureza, estamos prejudicando a nós mesmos. Estamos todos relacionados, vivemos num mundo interdependente.

A partir desse sentido de unidade entre o homem e a natureza, chega-se a um novo modo de apreciar e valorizar a vida como um todo. O filósofo norueguês Arne Naess chamava a isso "ecologia profunda". Quando se valoriza a natureza apenas por sua utilidade para os humanos, mesmo conservando-a e protegendo-a para nosso benefício, trata-se de uma ecologia superficial. Mas quando se reconhece o valor intrínseco de toda a vida, pequena ou grande, trata-se de ecologia profunda. Uma folha de grama, uma minhoca, um inseto, mesmo um mosquito tem direito à vida; como também as árvores, rios, pássaros e peixes, independentemente de sua utilidade para os humanos.

A ecologia profunda nasce de uma experiência profunda da natureza. Nosso modo de vida moderno carece dessa experiência profunda porque raramente interagimos com a natureza. Nossa vida é planejada para nos manter longe dela. Nossas casas, escritórios e lojas são totalmente desconectados da natureza. A vida moderna é vivida sob luzes artificiais, no ar-condicionado, e umedecida por água engarrafada!

Para ter uma experiência profunda da natureza, precisamos tocar a terra, andar na mata, nadar no mar, observar as nuvens e celebrar o pôr do sol. O compromisso profundo de respeitar e cuidar da natureza só pode surgir dessa experiência profunda. Só assim se pode passar do consumismo para a conservação.

Assim como reconhecemos os direitos humanos, a ecologia profunda exige de nós o reconhecimento dos direitos da natureza. Nosso relacionamento com a natureza deve estar engastado nos princípios de reverência pela vida. A ecologia profunda nos leva a uma ecologia reverente e espiritual. A natureza não é um objeto inanimado. A natureza tem vida. O cientista James Lovelock propôs a teoria de Gaia, segundo a qual a Terra é um organismo vivo.

Para a filosofia hindu, a natureza é inteligente e consciente. Os elementos terra, ar, fogo e água têm em si a divindade. Os hindus falam do deus da chuva, Indra; do deus do vento, Vayu; do deus do fogo, Agni; e da deusa da terra, Bhoomi. Também falam do deus sol, da deusa lua, do deus dos Himalaias, Shiva; da deusa da água, Ganga. Em essência, deuses e deusas não estão separados da natureza.

Em seu comentário sobre a *Gita*, Vinoba Bhave afirma que tudo que nos cerca é divino. O divino está diante de todos nós o tempo todo. É o divino, e apenas o divino, que aparece em tudo, animado ou inanimado. O divino está em todos os recantos do universo. Na forma de rios sagrados, altas montanhas, vacas de coração terno, pássaros de canto doce, o fogo que sobe, as estrelas imóveis – o divino permeia toda a criação de muitas formas. Deveríamos treinar nossos olhos para ver o divino em todo lugar.

A natureza é divina, sagrada e santa, e também abundante. Todas as espécies são alimentadas e nutridas pelo ato sacrificial da vida que sustenta a vida. Nós humanos somos abençoados pelos dons da natureza. Enquanto tirarmos da natureza somente aquilo de que precisamos para atender às exigências vitais, receberemos as dádivas do alimento, da água e do abrigo. Devemos recebê-las com humildade e gratidão, sem abuso, desperdício, exploração, e sem produzir poluição. Como dizia Mahatma Gandhi, "A natureza provê o suficiente para as necessidades de todos, mas não o suficiente para a ganância, mesmo de uma única pessoa". O desperdício é uma violência, a poluição é uma violência, e acumular posses que não são essenciais à vida é uma violência.

A natureza é gentil, compassiva e generosa, cheia de amor incondicional. De uma minúscula semente cresce uma enorme macieira que produz milhares de maçãs, um ano após o outro. A árvore oferece frutos sem pedir nada em troca. Ela delicia a todos, de modo incondicional, com sua fruta fragrante, doce e nutritiva. Seja santo ou pecador, camponês ou filósofo, humano ou animal, pássaro ou vespa: todos, indiscriminadamente, são convidados a saborear seus frutos.

ÁRVORES

Penso que nunca verei
Um poema tão encantador como uma árvore.
A árvore cuja boca faminta se aperta
Contra o seio doce e abundante da Terra;
A árvore que contempla a Deus o dia inteiro,
E ergue suas mãos verdejantes para rezar;
A árvore que no verão às vezes se enfeita com
Um ninho de passarinho nos cabelos;
Sobre seu seio a neve repousa
Com ela a chuva vive intimamente.
Os poemas são feitos por tolos como eu,
Mas só Deus pode fazer uma árvore.

JOYCE KILMER

Segundo o princípio de *yagna*, deveríamos celebrar a beleza, a abundância e a grandeza da natureza repondo o que dela retiramos. Se abatemos cinco árvores para construir nossa casa, devemos repô-las plantando cinquenta. Se colhemos uma safra de trigo, arroz ou vegetais, retirando assim parte da riqueza do solo, devemos repor esses nutrientes na terra adubando-a com esterco e compostos orgânicos e também deixando que ela descanse depois de sete anos de cultivo. A isto se chama *yagna*: reposição, restauração e renovação. Vinoba Bhave escreveu: "Se cem pessoas se juntarem num lugar durante um dia, isto estragará o local, poluirá a atmosfera e, portanto, danificará a natureza. Deveríamos fazer algo para recompor a natureza, restaurar seu equilíbrio. *Yagna* tem a finalidade de restituir, de devolver o que tiramos da natureza (...) repor as perdas é um dos propósitos de *yagna*". (Em *Talks on the Gita*, Paramdham Prakasham Pavnar, Ardha, India.)

Quando a natureza é vista como uma máquina inanimada, ela se torna objeto de exploração, ao passo que se a natureza é vista como sagrada, ela se torna uma fonte de inspiração para as artes, a cultura, a arquitetura e, é claro, para a religião e a filosofia. Admiramos e prestamos homenagem a grandes artistas como Van Gogh por pintar os girassóis, mas esquecemos que os girassóis são em si obras de arte divina que estimularam a imaginação do artista. Se não houvesse girassóis, Van Gogh não poderia tê-los retratado, e Monet não teria ficado famoso sem que existissem ninfeias, ou Cézanne sem o Monte Sainte-Victoire. Os artistas sempre reconheceram a qualidade sagrada da natureza. Agora tornou-se vital que cientistas, industriais e políticos façam o mesmo e parem de pensar na natureza como mero recurso para gerar lucros.

Ao praticar a humildade e a gratidão, é possível aprender muito *com* a natureza. Contudo, na nossa civilização antropocêntrica, aprendemos *sobre* a natureza. Existe uma enorme diferença entre aprender *com* a natureza e *sobre* a natureza. Quando aprendemos *sobre* a natureza, ela se torna um objeto de estudo, o que leva à sua exploração. É por isso que alguns cientistas, como Francis Bacon, falaram sobre a missão humana de "roubar os segredos da natureza". Por outro lado, quando aprendemos *com* a natureza, estabelece-se um relacionamento íntimo, no qual estão implícitas a humildade e a reverência diante do mistério dos processos naturais.

Ao observar as árvores, percebemos como todas as coisas estão interconectadas e inter-relacionadas. A fotossíntese permite que a energia solar alimente as folhas da árvore, a chuva nutre a árvore e o solo segura suas raízes. Tudo está ligado.

Ao vivenciar a natureza, desenvolvemos um sentido profundo de empatia e amor por ela e, quando amamos algo, cuidamos desse algo, conservamos e protegemos o objeto de nosso amor.

Boa parte do movimento ambiental contemporâneo é motivado pelo medo do fim do mundo como nós o conhecemos, pelo temor do desastre ambiental. Esta não é a motivação correta para um futuro verdadeiramente sustentável. Amor e reverência pela Terra resultarão automaticamente em sustentabilidade, coerência e harmonia.

É preciso compreender que a harmonia é um princípio fundamental da ecologia. Onde quer que haja uma quebra da harmonia, surgirá a discórdia e o conflito. Nossa responsabilidade como humanos é restaurar e manter a harmonia. O iraniano e sufi Dr. Hossein Ghomshei, professor da Universidade de Teerã, afirma que a ciência é o conhecimento da harmonia universal, que as artes são a expressão dessa mesma harmonia, e que a religião é a prática da harmonia na vida diária. Portanto, não há conflito entre ciência, artes e religião; elas se complementam na busca pela harmonia. Muitos de nossos problemas ambientais surgem porque pusemos as ciências, as artes e as práticas religiosas em diferentes compartimentos. Se desejamos criar um futuro sustentável e mitigar os problemas de escassez de recursos naturais, explosão populacional e diminuição da biodiversidade, é preciso criar coerência entre ciência, arte e religião para viver uma vida de harmonia.

O CUIDADO DA ALMA

Assim como a *Gita* nos incita a viver em harmonia com o mundo natural (solo), também nos orienta a criar harmonia dentro de nós mesmos.

Cada um de nós, sem exceção, é um ser único e especial. Como afirmou Ananda Coomaraswamy, historiador do Sri Lanca: "Um artista não é um tipo especial de pessoa, mas cada pessoa é um tipo especial de artista". Ele falava do imenso potencial que todo ser humano possui.

Em sânscrito, a palavra que designa a alma individual é *atman*, o ser mais íntimo. E a palavra para a alma universal, *anima mundi*, é *paramatman*, o ser último. Da mesma forma, a palavra sânscrita para o ser humano individual é *nar*, e o ser universal (ou Deus) é *narayan*. Em árabe encontramos uma formação similar. O ser individual é chamado *khud* e o ser divino é *Khuda* – pelo acréscimo de um simples **a** o ser individual é libertado de sua identidade estreita, ou ego, e transformado em consciência divina.

O caminho para tal estado de iluminação passa pelo autoconhecimento, pelo serviço altruísta e pela rendição do ego em favor da compreensão de que "eu sou parte do todo". Sou um órgão do corpo da Terra; sou membro da comunidade terrena. Assim como cada galho é parte integrante da árvore, cada criatura, humana ou não, é uma parte integral da Terra.

Muitas vezes sentimos o peso de nossa identidade estreita definida por nacionalidade, raça, religião, classe, gênero ou outros conceitos divisórios e construtos mentais similares. Ficamos aprisionados à ideia do "eu" separado do "outro", e do "meu" separado do "dos outros". Através do amor universal podemos sair da prisão do ego e nos tornar parte do eco – dando assim um salto quântico de **g** para **c**.

A palavra grega *eco* é belíssima. Dela derivam as palavras "ecologia" e "economia". Eco, ou, mais corretamente, οἶκος, significa "casa, lar". Na sabedoria dos filósofos gregos, o lar não é apenas o lugar físico onde moramos – uma casa ou apartamento. O planeta inteiro é nossa casa, onde 8,7 milhões de espécies vivem como membros de uma só unidade doméstica, uma família. Todas as espécies são parentes. Portanto, o lar ou "eco" é um lugar de relacionamentos, ao passo que o "eu" como ego ou ser individualizado está em um estado de separação, desconexão e isolamento. Nossa alma fica desnutrida em isolamento. Portanto é preciso voltar para casa.

Em nossa consciência profunda podemos nos reconectar com nosso corpo terrestre.

Quando percebemos que "eu sou um microcosmo dentro do macrocosmo", estamos tocando a mente de Deus, livres de identidades limitantes, despojados de mágoas e separação, medo e fragmentação.

Às vezes nos convencemos de que o mundo precisa ser salvo com tanta urgência que nos obrigamos a trabalhar dia e noite, todos os dias, para salvar o planeta. Filiamo-nos a organizações ambientalistas ou pela paz. Vamos a protestos e passeatas. Trabalhamos cada vez mais pela preservação da natureza. Como consequência, negligenciamos nosso próprio bem-estar e sofremos de esgotamento ou depressão, que levam ao fim do casamento e a desilusões.

Por isso a *Gita* nos ensina que não é preciso separar o cuidado com o solo do cuidado com a alma. Precisamos dos dois. A prática do cuidado com a alma é chamada *tapas*, que significa dedicar um tempo à purificação interior, à meditação, à espiritualidade e a viver uma vida de elegante simplicidade. Mahatma Gandhi dizia: "Seja a mudança que você quer ver no mundo". Ele acreditava que devia haver coerência entre teoria e prática, entre palavra e ação. As palavras só adquirem poder quando estão apoiadas num exemplo vivo. Essa é a razão pela qual Mahatma Gandhi incorporou na sua rotina diária um tempo para orar, meditar, ficar sozinho, estudar, cultivar a terra, cozinhar e fiar. Ele considerava essas atividades tão essenciais quanto a campanha pela independência da Índia e o trabalho de combate ao sistema de castas, principalmente em relação aos intocáveis. Assim, Mahatma Gandhi foi um exemplo da união entre o cuidado com o mundo externo e o cuidado com o mundo interno. Discutirei a abordagem gandhiana em mais detalhes no capítulo três. Basta dizer aqui que a paisagem interna da espiritualidade e a paisagem externa da sustentabilidade estão intrinsecamente ligadas. É preciso cultivar a compaixão, buscar a verdade, apreciar a beleza e trabalhar pela autorrealização. Através da meditação podemos conectar as ecologias externa e interna. A meditação é um remédio preventivo para evitar a doença da alma e um medicamento curativo para a alma machucada.

O movimento ambientalista contemporâneo, de modo geral, segue os passos da ciência empírica, do pensamento racional, coletando dados e promovendo ações externas. Isso é bom, porém limitado. Precisamos ir mais longe. Precisamos incluir o cuidado da alma como parte integrante do cuidado com o planeta.

O CUIDADO DA SOCIEDADE

O cuidado do solo e o cuidado da alma precisam ser estendidos para incluir o cuidado da sociedade. Apesar do crescimento sem precedentes nas esferas da economia, ciência, tecnologia e comércio internacional, quase um quarto da humanidade passa fome e não tem onde morar, enquanto um número equivalente de pessoas come demais e mora em casas grandes demais!

Depois da Segunda Guerra Mundial, Truman, então presidente dos Estados Unidos, ao falar nas Nações Unidas, declarou que existem dois mundos: o desenvolvido e o subdesenvolvido. Por mundo desenvolvido ele queria dizer o mundo industrializado, da tecnologia, do livre comércio e do agronegócio, que supostamente elevaria o padrão de vida de todas as pessoas – enquanto o mundo subdesenvolvido seria o mundo da agricultura de pequena escala, da vida rural, da economia local e do baixo consumo, que na visão dele estava condenado a uma vida de pobreza. Portanto, a missão dos economistas e políticos tornou-se a de industrializar o mundo, criar a globalização econômica e permitir que o livre mercado resolvesse os problemas do chamado subdesenvolvimento.

ORAÇÃO DO CORPO INTEIRO
Que nossas pernas sejam fortes e estáveis
Que nossos pés caminhem com suavidade sobre a terra
Que nosso estômago seja pequeno e macio
Que nossa barriga seja uma fornalha para digerir
Que nosso coração seja grande e amoroso
Que nossa alma seja simples e serena
Que nossa mente seja calma e clara
Que nosso espírito seja livre do medo
Que nossa boca diga palavras de frescor e doçura, e ofereça beijos carinhosos
Que nossos olhos vejam a beleza embaixo, em cima, e por todos os lados
Que nossos ouvidos ouçam palavras boas e a música das esferas
Que nossas mãos sejam generosas para dar e gratas ao receber
Que nossos braços encontrem a alegria do abraço
Que nosso corpo seja um templo de amor.

SATISH KUMAR

> " Não podemos mais nos dar ao luxo de sermos indiferentes ao sofrimento que acontece além de nossas fronteiras; nem podemos consumir os recursos do mundo sem pensar nos efeitos disso. Pois o mundo mudou, e precisamos mudar com ele. "
>
> BARACK HUSSEIN OBAMA, EX-PRESIDENTE DOS ESTADOS UNIDOS

Mas apesar de quase setenta anos de esforços incansáveis pela industrialização, o sofrimento do povo dos países chamados subdesenvolvidos continua a crescer. Mesmo na China, na Índia e no Brasil, onde os governos, industriais e líderes de negócios sacrificam suas culturas e tradições e destroem seu capital natural para seguir os passos do materialismo moderno, da industrialização e do crescimento econômico, milhões de cidadãos ainda vivem abaixo da linha da pobreza. Mesmo nos locais onde os padrões de vida subiram e carros, computadores e estradas proliferaram, o bem-estar, a felicidade, a coesão social e a satisfação com o emprego continuam sendo um sonho muito distante. Está mais do que claro que o crescimento econômico e o produto interno bruto não são a mesma coisa que a felicidade humana.

Essa nova religião do materialismo cresceu lado a lado com o aumento do militarismo. O gasto total com armas nucleares e convencionais quadruplicou nos últimos anos sem qualquer sinal de aumento da segurança ou da paz. Várias formas de violência, guerras legalizadas declaradas por governos, ou guerras ilegais declaradas por "terroristas" continuam a ocupar muitas regiões do globo, sem que delas surjam soluções para conflitos nacionais ou internacionais.

A humanidade não está apenas em guerra contra a natureza, está em guerra contra si mesma. Os valores do lucro, do poder, do controle e da ganância regem a mente da maioria dos políticos e industriais. A propaganda seduz a maioria das pessoas, que sonham com um estilo de vida consumista, confortável e extravagante.

Esse estado de coisas dificilmente leva a uma visão de harmonia, coerência e bem-estar. Portanto, um forte movimento social é necessário para estabelecer a justiça, a igualdade e a liberdade, propiciando o bem-estar de todos. Não se pode atingir esse objetivo através da engenharia social apenas, ou através de manobras políticas. Isso acontecerá somente com o despertar espiritual, com uma nova consciência dos benefícios do cuidado mútuo e serviço altruísta em prol da humanidade. A *Gita* chama a isso de *dana*, que significa: partilhar, ser generoso, dar antes de receber e elevar-se acima do egoísmo míope.

Numa cultura em que o egoísmo é promovido como valor principal, seria natural perguntar: Por que abrir mão dos meus próprios interesses? A resposta da *Gita,* segundo Vinoba Bhave, é esta: "Porque já estamos muito em dívida com a sociedade. Nascemos totalmente indefesos e fracos. Foi a sociedade que cuidou de nós e nos criou, portanto deveríamos servi-la". (Em *Talks on the Gita, op. cit.*)

Herdamos uma grandiosa arquitetura: as pirâmides, o Taj Mahal, as grandes mesquitas e catedrais. Fomos abençoados com literatura, poesia, música e pinturas em quantidade. Fomos enriquecidos pelos ensinamentos de mestres iluminados como o Buda, Maomé, Jesus Cristo, Lao Tsé e outros. Fomos agraciados com filosofia, ciência e tecnologia. A lista de dons que recebemos de nossos ancestrais e incontáveis outros seres humanos é infinita. Temos uma dívida para com eles. É nossa vez de contribuir para a cultura e a civilização, e garantir que nenhuma criança da nossa família humana fique sem comida, que nenhum doente fique sem atendimento, que nenhum país ou comunidade sejam afligidos por guerras, exploração e tortura. Talvez não atinjamos essa meta amanhã, mas os esforços em prol do bem-estar de todos precisam começar hoje, e devemos nos elevar acima dos limites estreitos do egoísmo e trabalhar pelos interesses comuns de toda a humanidade.

O ideal de trabalhar pelo bem comum nunca é fácil de alcançar. Há interesses próprios da estrutura social que nos impedem de agir a favor dos interesses mútuos e que nos levam a olhar apenas para os nossos próprios interesses. Os fortes exploram os fracos; os ricos oprimem os pobres; os ávidos de poder subjugam os impotentes. Numa situação assim, a *Gita* recomenda empenho e ação.

Mahatma Gandhi foi um dos mais ardentes seguidores dos princípios da *Gita*. Ele praticou a não violência, a verdade e a compaixão; ainda assim, batalhou arduamente contra a colonização e pela liberdade. Ativistas como Martin Luther King, Nelson Mandela, Václav Havel, Madre Teresa de Calcutá e Wangari Maathai são exemplos de pessoas que agiram no espírito da *Gita*, oferecendo suas vidas como *dana* pelo bem-estar da sociedade como um todo. Com esses expoentes podemos aprender as lições do ativismo pela justiça social e, assim, procurar estabelecer uma nova ordem ética de dignidade humana.

O caminho da *Gita* é o caminho do guerreiro espiritual, um guerreiro da paz e um ecoguerreiro – que a *Gita* chama de *karma yogi*: alguém que pratica o yoga da ação e se envolve constantemente no soerguimento e bem-estar dos carentes e pobres, mas que age sem visar os frutos de suas próprias ações. Diz a *Gita* que, assim como a árvore não come seus próprios frutos e o rio não bebe sua própria água, o *karma yogi* ou ativista não deveria buscar os benefícios de suas próprias ações. Ao contrário, ele ou ela deveriam oferecer sua atividade pelo benefício dos outros. Isto é *dana*.

UMA TRINDADE DE PAZ

A trindade da *Gita* é como as pernas de um banquinho: através de *yagna* recuperamos o solo, através de *tapas* recuperamos a alma e através de *dana* recuperamos a sociedade. Mas os três não são mutuamente excludentes. Todos nós devemos nos envolver nos três tipos de ação simultaneamente. Em resumo, precisamos viver uma vida espiritual e nos engajar na proteção da Terra, na iluminação do ser e na restauração da justiça social. A antiga trindade da *Gita* nunca foi tão relevante como nos dias de hoje.

Essa trindade, formada por uma visão de mundo holística e interconectada, é uma *visão*, e não a *única cosmovisão*. Toda formulação que procura transformar uma ideia em palavras tem limitações. Nenhuma fórmula pode ser a última palavra ou a Verdade.

Quando temos uma convicção intelectual e metemos na nossa cabeça uma teoria ou crença sobre a Verdade, em geral pensamos: "Ah, eu sei qual é a Verdade, pois eu li um livro sobre a Verdade, chamado a *Gita* (...) [ou a Bíblia, ou o Corão, ou os Vedas, ou os escritos de Marx ou Adam Smith] (...) eu sei a Verdade, por que o mundo inteiro não aceita essa Verdade que eu conheço?".

Surge então a sensação de que é necessário converter outras pessoas à "nossa" Verdade. Esse é o começo do problema, o princípio da guerra e do conflito. Nesse ponto termina a abordagem espiritual totalmente inclusiva e começa o exclusivismo limitante. A verdade que conhecemos dos livros, das teorias intelectuais ou de convicções religiosas herdadas é uma verdade que precisa ser renovada e reavivada. Da mesma forma que precisamos cozinhar nosso alimento todos os dias – alimentos frescos –, também vivenciar nossa verdade todos os dias – uma verdade fresca. Assim como os ingredientes básicos da refeição podem ser sempre os mesmos – trigo, arroz, vegetais –, a constituição básica da verdade pode ser a mesma – amor, compaixão, paz. Mas devemos aplicá-los nas situações rotineiras de modo aberto, receptivo e sem preconceitos. Ninguém tem o monopólio da verdade final e perfeita. No instante em que começamos a achar "Eu sei a verdade, você deve me seguir", caímos na armadilha de imaginar que estamos certos e os outros errados. Não há uma única verdade, há muitas verdades.

A paz começa por um modo positivo de pensar. É preciso fazer as pazes com a natureza, com nós mesmos e com as demais pessoas.

Ao falar de paz, é preciso fugir de uma visão estreita. Proponho aqui uma visão multidimensional da paz, uma trindade de paz relacionada à trindade Solo, Alma, Sociedade. Na Índia sempre se pronuncia a palavra **paz** três vezes: "*shanti, shanti, shanti* – paz, paz, paz". Por que três vezes? Porque a paz tem no mínimo três dimensões: paz interior, paz social e paz ecológica. Acredito que sem paz interior não se pode chegar à paz exterior. Se em nossa sociedade houvesse uma abundância de pessoas que não nutrissem sentimentos negativos, de pessoas com certo grau de paz de espírito e uma alma pacífica, naturalmente não haveria medo. Mas se ainda não conseguimos combater nossos medos pessoais, então é fácil para os governos e líderes militares alavancarem nosso medo contra um inimigo externo. Essa é a situação que vivemos no momento atual. Somos governados pelo medo. Temos medo dos vizinhos, dos socialistas, dos capitalistas, dos negros, dos brancos, dos hindus, dos muçulmanos, dos cristãos. Estamos todos divididos em grupos e tememos alguém. Não admira que estejamos votando em líderes que gastam tantos recursos naturais em armamento! Pode não ser fácil ver a conexão entre paz pessoal e paz política, entre paz interior e paz mundial, mas esses dois aspectos estão completamente interligados.

Não estou afirmando que devemos deixar de lado o trabalho pela paz mundial até que tenhamos paz interior. É preciso trabalhar nas duas frentes simultaneamente.

A necessidade de paz não está apenas "em algum outro lugar". Não podemos esperar que os políticos mudem o mundo e nos concedam a paz. A paz não virá do Congresso. O novo mundo não começará nos palácios de governo, seja a Casa Branca, o Kremlin ou outro. E enquanto quisermos que o mundo seja feito à nossa imagem, ele não mudará. Os medos, as desconfianças, a competição, a insegurança que vemos nos líderes políticos são também reflexo da nossa vida. Acumulados, eles se transformam em medo nacional, desconfiança nacional, desunião nacional e insegurança nacional, que se materializam, de forma eloquente, em grandes gastos militares e na corrida armamentista.

Portanto, a menos que façamos as pazes com nós mesmos, é impossível chegar à paz mundial, e sequer podemos começar a compreender o que significa a paz. Nosso conceito de paz é muito unidimensional. Pensamos que, se os presidentes e primeiros-ministros do mundo pudessem se reunir e negociar a paz, o mundo seria pacificado. Queremos nos livrar das armas nucleares e

> "Estar livre de todo tipo de medo e realizar a paz interior é o primeiro passo em direção a um mundo pacífico."
> SATISH KUMAR

mesmo de armas convencionais, mas, à exceção disso, gostaríamos que tudo o mais continuasse como antes. Não queremos enfrentar o fato de que a corrida armamentista tem suas raízes na nossa alma. Estar livre de todo tipo de medo e realizar a paz interior é o primeiro passo em direção a um mundo pacífico. A paz é mais que a ausência da guerra; a paz é um modo de vida.

Junto com a paz interior, é preciso fazer as pazes com a natureza.

A paz ecológica é um pré-requisito para a paz mundial. Os movimentos pela paz e os movimentos ecológicos têm atuado como se não houvesse relação entre eles. Chegou a hora de criar fortes laços entre o "verde" e a "paz". É preciso dar crédito a um dos únicos grupos que têm enfatizado esta ligação, o Greenpeace. Todos os grupos ecológicos e pacifistas devem focar simultaneamente o "verde" e a "paz". A guerra é sempre um desastre ecológico. Portanto, ninguém com visão ecológica pode ignorar a necessidade de desarmamento. E o desarmamento não acontecerá sem que cesse a corrida pelo controle dos recursos naturais do mundo. Hoje pensamos que é nosso direito inato explorar a natureza, conquistar suas riquezas, saquear o planeta Terra; que podemos fazer o que quisermos em nome do conforto, de altos padrões de vida e da nossa conveniência.

É como se estivéssemos em guerra com a natureza. Declaramos guerra a ela por causa de nossa ganância e visando um crescimento econômico ilimitado. A fim de satisfazer essa ganância, dizemos, por exemplo, que precisamos rapidamente achar mais e mais fontes de petróleo, para que possamos fazer funcionar mais carros e aviões. Queremos viagens cada vez mais rápidas. Não queremos saber o que acontecerá a nossos filhos, netos e bisnetos. Pouco importa. Queremos benefícios econômicos de curto prazo para nós mesmos. A forma como tratamos o solo, a Terra, os campos; o modo como criamos animais em granjas e fazendas industriais; o modo como tratamos nossos rios, o ar, a água, os mares e as montanhas; e o modo como derrubamos florestas demonstra nosso pouco caso com a natureza. Tornamo-nos totalmente autocentrados, egocêntricos.

Se queremos fazer as pazes com nós mesmos, com a natureza e com os outros, é preciso olhar para nosso relacionamento com o trabalho. É necessário começar a pensar em nossa vida diária. Que tipo de trabalho fazemos? A expressão mais fundamental do estado de paz consigo mesmo, com o mundo e com a natureza é adotar um meio de vida correto. Quantos de nós fazem seu trabalho sem prejudicar ou causar dano à Terra? Quantos de nós trabalham com alegria, com um senso de realização e satisfação interior? Quantos professores acordam de manhã e pensam: "Oh, vou para a escola dar aula – que alegria partilhar meu conhecimento com meus alunos!"? Quantos médicos vão para o hospital pensando: "Sou um curador e gosto de me dedicar a meus pacientes"? Quantos de nós estão apaixonados pelo próprio trabalho e quantos trabalham apenas para pagar as contas? Trabalhar para pagar as contas – que desperdício de vida humana! Atividades como ensinar, cultivar o solo, cozinhar, ler e escrever, fazer uma cadeira ou um sapato deveriam ser expressões de arte, atos devocionais. O trabalho é devoção – mas isso não se aplica ao trabalho que realizamos hoje em dia.

O trabalho criativo, que leva à paz interior e exterior, dificilmente pode ser realizado no atual sistema econômico, que é de fato a economia da guerra. Para garantir seus próprios interesses econômicos, as nações utilizam força militar. Acredita-se que forte poderio militar é necessário para proteger os mercados na África, na Ásia ou na América do Sul. Para consumir a quantidade de energia que estamos consumindo – e se nossa vida depende do petróleo do Oriente Médio ou do gás da Rússia e da exportação de carros e computadores para a África e a Ásia, da importação de chá, tabaco, café e roupas de todos os cantos do mundo –, é evidente que precisaremos de um exército para nos dar acesso a recursos naturais. E não somos os únicos a cobiçar o petróleo. Os chineses também gostariam de uma parte substancial. E também os indianos. Não podemos aceitar que somente britânicos, franceses, alemães e americanos tenham direito a todo o petróleo do mundo.

Sejam chamados de comunistas, socialistas ou capitalistas, todos criaram a economia da guerra. Se aqueles que almejam a paz pensam que podemos nos livrar da guerra sem mudar o sistema econômico, estão iludidos. É preciso mudar a economia da guerra dos dias atuais para uma economia da paz. Tal economia será muito mais confiável e o comércio, se houver, será fundado na justiça e não na exploração. Nos dias atuais, é considerado o mais forte quem leva vantagem em qualquer disputa econômica. Quando britânicos e indianos fazem negócios, ou algerianos e franceses, ou mexicanos e norte-americanos, os europeus e os norte-americanos ditam as regras, pois são mais fortes. Até mesmo em negociações na Organização Mundial do Comércio os países ocidentais conseguem o que querem sob a máscara de justiça. Eles têm as alavancas do poder em suas mãos.

O mundo em que vivemos é governado por pessoas espertas. E. F. Schumacher costumava dizer: "O mundo se tornou inteligente demais para sobreviver". As políticas são elaboradas por pessoas que recebem altos salários, dirigem carros de luxo e moram em mansões, e essas pessoas espertas estão levando nosso planeta à beira do desastre. Mas quando falamos sobre a unidade do mundo e sobre a paz na Terra, eles dizem: "Mas você é muito ingênuo! Muito idealista! Seus conceitos são muito simplistas. Você precisa encarar o mundo real". Chegou a hora dos idealistas, dos ingênuos, dos simples tomarem a palavra. É chegada a hora em que os humildes, que não têm grande poder militar ou industrial, poderão trazer paz à Terra.

Tivemos a revolução industrial, agora passamos pela revolução da internet. Conquistamos o espaço. Produzimos armas nucleares.

Vivemos uma explosão do consumismo. Mas nada disso é suficiente. Continuamos obcecados com o "crescimento econômico". Estamos totalmente obcecados com o consumo. Toda a nossa energia, inteligência e pesquisas estão voltadas para o aumento do consumo. O tempo dos governantes, dos legisladores e da mídia é dedicado à promoção do crescimento econômico.

Os países industrializados precisam superar essa obsessão. Já temos o suficiente. Se não sabemos reconhecer o que é suficiente, nada nos bastará, pois não há limites estabelecidos. Mas no instante em que percebermos que é preciso ter limites, saberemos que já temos o suficiente! Precisamos partilhar o que temos de forma mais equitativa. Não precisamos gastar todo nosso tempo em questões econômicas. Podemos e devemos dedicar nosso tempo à construção da paz no mundo, da paz interior e da paz ecológica. Mas quando fazer isso? Não temos tempo. O tempo foi todo gasto em interesses materialistas. Por que somos tão ocupados? Há centenas de anos as pessoas tinham menos crescimento econômico, menos desenvolvimento material, mas tinham tempo para construir igrejas e catedrais magníficas em todas as cidades da Europa. Como encontrar a paciência e o tempo para erguer tais obras? Agora não temos tempo, queremos construções pré-fabricadas. Onde foi parar todo o tempo?

A raiz de todos os nossos conflitos e da falta de paz é o pensamento negativo. As ideias negativas de um reforçam as ideias negativas do outro, sejam católicos e protestantes, judeus e palestinos, ou americanos e russos. Se houver uma chance de chegarmos à paz, é preciso começar a pensar de forma mais construtiva. Protestantes se pondo no lugar de católicos, judeus no lugar de palestinos, americanos no lugar de russos, e vice-versa. Precisamos começar a ser compassivos e positivos, nos colocando no lugar dos outros e percebendo que somos membros de uma única família humana.

Eis uma sugestão simples que pode dar início a um clima positivo. Todos os dias, se possível no mesmo horário, podemos dedicar um minuto para meditar e rezar pela paz. Um minuto é uma contribuição pequena, mas lembrar de fazer isso todos os dias é o mais importante. Na Índia temos o conceito de mantra, que significa usarmos uma palavra como uma bateria e a recarregarmos todos os dias com energia espiritual pelo ato de nos mantermos concentrados nela. Este é o mantra da paz:

Que sejamos guiados da Morte para a Vida
Da Falsidade para a Verdade
Que sejamos guiados do Desespero para a Esperança
Do Medo para a Confiança
Que sejamos guiados do Ódio para o Amor,
Da Guerra para a Paz.
Que a Paz preencha nosso Coração,
Nosso Mundo, nosso Universo.
Paz, Paz, Paz.

Políticos, altos executivos ou mesmo policiais e militares deveriam dizer essa oração todos os dias. Se meditarmos com esse mantra diariamente, ele agirá como uma semente. Evidentemente, não basta colocar uma semente na terra: é preciso cuidar dela, alimentá-la. Mas sem plantar a semente, não teremos algo para cultivar. Assim, se utilizarmos esse mantra como oração pela paz, ele nos dará um foco e um momento de calma no qual refletir sobre o estado de nossa alma, o estado da sociedade e o estado do solo, do meio ambiente.

Se milhões de pessoas pelo mundo começarem a meditar com esse mantra ou algum similar, e orar pela paz, naturalmente haverá uma mudança no ambiente, na mente e nos corações das pessoas. A paz não virá em função de fóruns onde se reúnem presidentes, mas apenas quando a atmosfera, o pensamento, a atitude, a mente das pessoas mudar, no Ocidente e no Oriente. Se isso acontecer, as instituições mudarão, os governos mudarão, os sistemas político e econômico mudarão. As pessoas assumirão o controle de suas vidas e negócios localmente. Milhares de tipos de atividades começarão a acontecer. A meditação diária pela paz agirá como um catalisador. Um minuto por dia é um ótimo começo. Depois você poderá aumentar a duração para dez ou vinte minutos. Essa prática ajudará a treinar e transformar sua mente, a fim de livrá-la de pensamentos negativos. A paz e a guerra, os elogios e as acusações, tudo começa na nossa mente. Se a mente está pura e positiva, nossas palavras serão doces e gentis, e quando elas forem amorosas e positivas, nossas ações serão movidas por compaixão e cuidado. Portanto, comece com sua mente, observe os pensamentos dentro de você. Por isso a meditação é tão importante.

MEDITAÇÃO PARA A CURA

A meditação é um método para restabelecer a alma e trazer paz ao mundo. As palavras **meditação** e **medicina** estão relacionadas. Elas vêm do latim *mederi,* que significa "prestar atenção" e "cuidar". Quando prestamos atenção ao nosso corpo físico para dele cuidar, principalmente em um momento de doença ou desconforto, lançamos mão de um medicamento. Da mesma forma, quando prestamos atenção ao ser interior, nossa alma, nosso espírito e nossas emoções, adotamos a prática da meditação.

Quando ensino a meditar, vou guiando os alunos nos seguintes passos:

Primeiramente, preste atenção à sua postura física. Sente-se confortavelmente. Use uma almofada se necessário. Relaxe os ombros. Relaxe os braços. Relaxe a parte da frente e a parte de trás do seu corpo. Relaxe as coxas, joelhos e panturrilhas. Relaxe os pés. Sinta a energia fluindo, subindo pela coluna. Relaxe o pescoço. Relaxe a cabeça, testa, olhos, maçãs do rosto, queixo, lábios, língua, mandíbulas. Relaxe seu rosto inteiro. Relaxe todo o corpo. Solte todas as tensões.

Junte as palmas das mãos na altura do coração e faça uma reverência ao sagrado no universo, reconhecendo que você é um microcosmo dentro do macrocosmo.

Agora posicione as mãos sobre os joelhos ou as coxas, palmas para cima. Junte a ponta do dedo indicador à ponta do polegar em cada uma das mãos, formando um círculo. Esse círculo representa o sol, a lua e a Terra. Ele é também símbolo dos ciclos do tempo e da vida. Os outros três dedos ficam estendidos, representando o passado, o presente e o futuro.

Preste atenção ao silêncio, à quietude e à calma. Permita que sua mente relaxe. Neste momento, tudo está bem dentro de você e à sua volta. Suspenda seus pensamentos, preocupações e planos. Sorria para o mundo.

Permita que sua mente focalize sua respiração. Ao inspirar, pense "estou inspirando". Ao expirar, pense "estou expirando". Siga o trajeto da sua respiração pelo corpo: o peito, o abdômen, as pernas e os braços. Sinta a respiração nutrindo todo o seu corpo.

Atente para o início, o meio e o fim de sua inspiração e de sua expiração. Preste especial atenção ao momento em que a inspiração se torna expiração, e quando a expiração se torna inspiração.

Ao respirar atentamente, perceba cada estágio do processo e tome consciência da sensação dentro de seu corpo. Conscientize-se de que todos os seres humanos partilham do mesmo hálito de vida. Dessa forma, toda a humanidade está ligada a você. Estamos todos conectados. Atento ao senso de unidade de toda a vida, traga sua atenção de volta para a respiração e deixe-a fluir suave e naturalmente.

Respirando atentamente, com plena percepção de um corpo relaxado, perceba que não apenas a humanidade, mas mesmo plantas, animais, rios e montanhas são sustentados pelo mesmo ar que você respira agora. Portanto, estamos todos conectados, estamos todos relacionados. Com esse sentido de unidade de toda vida, volte sua atenção à respiração e sorria.

Há um mantra em sânscrito que é a raiz de todos os mantras: OM. Repita esse mantra três vezes. Cante-o com sua própria melodia. Inspire profundamente e cante a sílaba, prolongando-a o quanto puder. Esteja consciente de que esse som alcança todos os cantos do universo e retorna para você. Que esse som seja o veículo da compaixão e da sabedoria. Todos os seres vivos com quem você partilha o hálito da vida, não apenas os humanos, são sua família, seus amigos. Não há motivo para conflito. Não é preciso ter ansiedade. Sua mente está calma. Respire com atenção e sorria. Deixe que seu medo se dissolva. Você pertence à Terra, sinta-se em casa, tudo está bem. Relaxe e respire com atenção. O sol, a chuva e o solo o nutrirão. Tenha confiança. Respire atentamente, inspire profundamente e sorria.

Evoque a compaixão em seu coração e diga: "Que todos os seres sejam felizes, que todos os seres estejam bem, que todos os seres vejam o bem sobre a Terra e que ninguém sofra por medo, ansiedade ou doença". Sinta que seu coração se enche de afeto por todos, mas especialmente por aqueles que se desencaminharam. Eles precisam da sua compaixão.

Tome a resolução de procurar a verdade, o amor e a compaixão ao longo da vida. Tome a resolução de buscar a beleza, a unidade e a generosidade. Então ofereça seus pensamentos, palavras e ações para o bem-estar de todos, agora e no futuro.

Respire atentamente e sorria. Tenha consciência de que seu corpo está totalmente relaxado, desfrute desse momento de calma, quietude, silêncio e respiração atenta. Sorria.

Diga a si mesmo: "Minha intenção é pensar, falar e agir com plena atenção durante o dia". Nesse estado não há distinção entre meditar e viver. Meditação é prestar atenção a cada momento da vida, sendo, portanto, um modo de vida.

Para concluir a meditação, junte as palmas das mãos na altura da testa e faça uma reverência ao sagrado no universo e na vida.

Depois traga as mãos unidas à altura do coração e expresse sua gratidão à vida, pelo sol, pela chuva, pela fertilidade do solo, pelo cuidado que recebeu de seus pais e outros familiares; a gratidão aos amigos, aos ancestrais, a todos enfim. Gratidão ao Solo, à Alma e à Sociedade.

Deixe-se invadir por uma sensação de alegria, contentamento e realização.

Ao sentir suas mãos unidas, imagine que todos os opostos se complementam e formam um todo: direita e esquerda, claro e escuro, acima e abaixo, masculino e feminino, negativo e positivo. Opostos em aparência são os dois aspectos de um todo. Com esse senso de inteireza, complementaridade e inter-relacionamento, encerre a sessão de meditação.

Sentar-se e meditar dessa forma é uma prática útil para cuidar da alma e aprender a prestar atenção e a cuidar de si e de seus relacionamentos com outros de modo apropriado e harmonioso. É possível viver uma vida feliz, sem medo, ansiedade ou apego. A decisão está em suas mãos.

Se cada um de nós estiver atento dessa forma, e viver com calma e contentamento, naturalmente o mundo se tornará um lugar melhor, um lugar belo. Se nosso modo de ser, estar e fazer as coisas no mundo for atento e aberto, a beleza interna e externa permeará toda a nossa vida.

O IMPERATIVO DA BELEZA

A beleza é o alimento da alma. É algo essencial e não um luxo. A beleza é para todos e não apenas para alguns. Ser belo é mais do que ser bonito. Quando algo se apresenta na proporção, equilíbrio e relacionamento corretos, nos traz uma sensação de harmonia, de conforto e alegria, um sentido de bem-estar. Essa é a experiência da beleza. Trata-se de algo maior que a aparência externa, é mais que um prazer visual. A beleza é uma fonte abençoada de realização.

Vivenciamos a beleza com todo o nosso ser, através de todos os sentidos e além deles. A beleza nutre o corpo, a mente e a alma. Ela cura o coração e alimenta o intelecto. A beleza é uma qualidade interior tanto quanto exterior. A beleza interna e a externa são aspectos de uma única realidade. Pensamentos saudáveis, bons sentimentos, palavras gentis, humildade de coração e um espírito generoso ajudam a criar as condições que fazem irradiar a beleza externamente.

Caminho em beleza diante de mim
Caminho em beleza atrás de mim
Caminho em beleza acima de mim
Caminho em beleza abaixo de mim
Caminho em beleza à minha volta
O mundo todo é belo
O mundo todo é belo
O mundo todo é belo

BASEADO EM UMA CANÇÃO DOS NAVAJOS

A verdade, a beleza e a bondade formam um *continuum*. Quando a verdade incorpora a beleza, nasce a bondade. Não pode haver bondade sem verdade e beleza. A verdade por si só não basta; ela é muito dura, muito aguda, muito crua e precisa ser adornada e embebida pela beleza. Quando dizemos a verdade, deveríamos falar lindamente e de modo doce, para não ferir ninguém. A beleza torna nossas palavras e ações agradáveis, ternas, boas e gentis. Doces e belas palavras deveriam também ser verdadeiras. A verdade e a beleza andam juntas. O poeta John Keats escreveu: "A beleza é a verdade, a verdade é a beleza – eis tudo que sabeis sobre a terra / tudo que deveis saber".

William Morris nos aconselhava: "Não tenha nada na sua casa que não lhe seja útil ou não lhe pareça belo". Assim ele preencheu o hiato entre o útil e o belo; não há conflito entre os dois; eles precisam conviver. Minha mãe ia um passo além. Ela dizia: "Tudo que você fizer deve ser ao mesmo tempo Bonito, Útil e Durável. Só bonito? Não basta. Só útil? Não basta. Só durável? Não basta. Precisa ser tudo junto. Chamo a isso "princípio BUD" de minha mãe.

A cultura de produção e consumo em massa exilou a beleza. A arquitetura utilitária moderna trouxe a feiura para cidades e vilas. As construções pré-fabricadas, conjuntos habitacionais, parques industriais, bancos, arranha-céus, *shopping centers* e centros comerciais ignoram as qualidades atemporais de proporção, equilíbrio, harmonia e escala humana. O divórcio entre função e beleza vem criando confusão, congestão e conflito.

A beleza é pré-requisito para uma casa saudável, uma cidade saudável, uma sociedade saudável, uma economia saudável e uma vida saudável. Os arquitetos e urbanistas precisam levar a beleza em consideração ao fazer o planejamento urbano. Parques e jardins, árvores e lagos, flores e frutas não são um luxo, um adicional: são ingredientes essenciais para uma cidade saudável, feliz e harmoniosa. Cada casa, escritório e centro de compras deveria estar em avenidas ladeadas de árvores, canteiros e cercas-vivas. Cores bonitas, bons perfumes, sabores e texturas agradáveis trazem boa saúde e boa sorte. Esse é o imperativo da beleza. A natureza e a cultura são gêmeos idênticos. Nós os separamos por nossa conta e risco. Com essa separação a natureza sofre e a cultura se empobrece.

William Morris foi o precursor do movimento *Arts and Crafts*. Ele acreditava que, quando construímos uma casa com nossas próprias mãos, quando fazemos móveis em nossa oficina, quando torneamos vasos de cerâmica, fazemos pinturas ou plantamos frutas e flores no jardim, nos transformamos em alquimistas, que fazem do ordinário algo extraordinário. Quando somos criativos, quando nos tornamos os criadores da beleza, descobrimos o artista interior. Todos somos artistas em potencial. Quando nos transformamos de meros compradores e consumidores em fazedores e criadores de beleza, nos tornamos artistas.

A beleza leva ao amor: o amor pelos objetos simples e elegantes, o amor ao lar, à natureza e à vida, o amor à humanidade. O amor àqueles que amamos. O pavão dança para provocar o amor em nossos corações, os cisnes nadam para estimular sentimentos de ternura que sobem pela coluna vertebral, o cervo se esconde na mata para provocar nossa curiosidade. A beleza faz nascer o amor, e do amor surge a atração e a geração de uma nova vida. A beleza e o amor tornam a vida uma ocasião de regozijo. Que a beleza seja a medida da humanidade.

Ao abraçar a beleza, é preciso abraçar também a ética.

O IMPERATIVO ÉTICO

Cuidar do solo, da natureza, do meio ambiente é um imperativo ético.

Todos sabemos ou deveríamos saber a diferença entre certo e errado. Honrar a integridade do nosso planeta é algo tão simples quanto fazer a coisa certa. No momento atual, entretanto, a mente humana parece estar totalmente tomada pelo imperativo do crescimento econômico.

O fantasma da dívida, do *deficit*, da recessão e do desemprego paira sobre a maior parte do mundo ocidental. Cuidar e proteger a natureza é visto como um luxo que relegaremos a tempos melhores. Hoje o cuidado e a conservação ambiental são vistos como impedimentos para o crescimento econômico. A agenda ambiental foi para o fim da lista. A prioridade para políticos, industriais e líderes empresariais é construir mais aeroportos, mais estradas, mais trens, mais escritórios e mais conjuntos habitacionais para estimular a economia. Mas não é preciso ser um gênio para perceber que há um limite para o número de aeroportos, estradas e complexos empresariais que podem ser construídos em determinado lugar ou em nosso planeta finito.

O que faremos depois de cobrir toda a terra com concreto, os campos e fazendas com parques industriais e *shopping centers*, e quando arrasarmos todas as florestas para dar lugar a aeroportos, estradas e outros desenvolvimentos urbanos ou mesmo agronegócios? Mais cedo ou mais tarde chegaremos a um ponto de saturação. Portanto, é preciso pensar num sistema econômico durável e sustentável, um sistema que possa prover sustento e bem-estar para todas as pessoas, e não apenas por uma geração, mas para sempre.

Isso significa que, em vez de uma economia linear, precisamos de uma economia cíclica. Se basearmos a economia na saúde das florestas, elas poderão nos dar frutos, fibras e madeira para sempre. Se protegermos os campos agricultáveis, eles fornecerão alimentos até o fim dos tempos. Se utilizarmos energia renovável, como a solar, a da chuva e a do vento – em vez de combustíveis fósseis –, jamais ficaremos sem energia. Se usarmos mão de obra humana, a força de trabalho será inexaurível. E, é claro, essa economia cíclica e renovável deve ser construída em uma escala humana e com desperdício zero.

A verdade seja dita: o mundo não está em uma crise econômica e a terra ainda produz alimento. O que enfrentamos é uma crise ética. A humanidade se desencaminhou. Portanto, a resposta não está em mais dos mesmos velhos paradigmas, em mais da mesma economia industrial dependente de combustíveis fósseis, mas sim na busca de uma economia de baixo carbono, sustentável e natural. Nessa perspectiva, o meio ambiente se torna um imperativo econômico e também ético. Nós, da atual geração, não temos o direito de roubar as florestas, campos e mares das gerações futuras. É eticamente condenável privá-los da segurança de poder contar com os recursos naturais.

Por nenhum padrão ético seria admissível encher os oceanos de plástico e a biosfera de dióxido de carbono. É responsabilidade ética de cada geração deixar em boas condições a terra que herdamos de nossos ancestrais – senão em melhores condições do que a recebemos.

Esse imperativo moral vai ainda mais além da nossa responsabilidade em relação às futuras gerações. Não temos o direito de danificar a integridade da comunidade biológica. A espécie humana não é a única a habitar a Terra. Devemos honrar o direito das outras espécies, que também são membros da comunidade terrena. Devido à economia industrial predatória e sua ênfase no crescimento econômico ilimitado, temos posto em risco a vida de milhões de criaturas. Solapar a biodiversidade em decorrência da atividade econômica e industrial é errado tanto pelos critérios econômicos quanto éticos. É simples assim.

2
O MUNDO EM UM LÓTUS

"*Meramente sentir medo da dor não faz com que ela passe. Ao encarar, reconhecer e aceitar a dor, é possível olhar para ela em perspectiva, colocá-la no seu devido lugar. A dor é parte do esquema universal.*"

O MUNDO EM UM LÓTUS

O Buda era um curador de almas. Ele nos ensinou a não nos desesperarmos diante da dor. A dor faz parte da vida. Somente um corpo vivo pode senti-la. Apenas um coração vivo sente pesar. Só passando pela dor é que se pode dar à luz e nascer. Todos temos de passar pelas dores do crescimento. Todos temos de passar pelas dores e incômodos da velhice. Todos passaremos pela dor da morte. Em geral, a dor física é a mais evidente, mas também sentimos dores psicológicas, emocionais e espirituais. Essa é a primeira nobre verdade da existência. E sentir medo da dor não faz com que ela vá embora. Ao enfrentá-la, reconhecê-la e aceitá-la, é possível vê-la em perspectiva, colocá-la no seu devido lugar. A dor é parte do esquema universal.

Seja dor física ou sofrimento psicológico, sempre existe uma causa para a dor. Você consegue detectá-la? É um modo de vida desregrado? Uma dieta inapropriada? Ansiedade desnecessária? Raiva, apego ou ilusões? Qual a causa? Reflita a respeito. Descubra o que é. Não podemos lidar adequadamente com a dor ou o sofrimento sem conhecer sua origem. Essa é a segunda nobre verdade.

Não se desespere. O sofrimento surge, mas também passa. Tudo que começa tem um fim. Tenha confiança. Temos a habilidade inata de lidar com todas as nossas dores e sofrimentos. Nossa inteligência, criatividade e astúcia estão dormentes dentro de nós. Usando a imaginação e meios hábeis, conseguimos superar todas as dores e problemas e chegar a um estado de equilíbrio e realização. Essa é a terceira nobre verdade. Através de convicções positivas e confiança, é possível encontrar solução para todos os conflitos, sejam pessoais, interpessoais, internacionais ou inter-religiosos, e chegar a um estado de harmonia. Mudando nossa atitude interior, transformamos as condições e circunstâncias externas.

Contudo, tal harmonia não pode ser alcançada simplesmente desejando o bem. Há oito vias práticas para se chegar ao bem-estar e à harmonia. A primeira é ter uma visão correta de si e do mundo, uma visão sem preconceitos, sem condicionamentos, sem viés. É preciso sempre se perguntar: "Será esta uma visão correta? Tenho motivações egoístas? Estou buscando apenas meus próprios interesses? Ou estou motivado pela verdade?". Se nos questionarmos honestamente, receberemos uma resposta sincera de nossa voz interior e do mais profundo de nosso coração.

Em segundo lugar, a visão correta deve ser seguida por pensamentos corretos, ideias que não causem dano a ninguém, seja a nós mesmos, outros seres humanos ou espécies não humanas. Certo e errado podem ser compreendidos simplesmente em termos de não violência e violência. Se for uma violação à integridade física e psíquica do outro, é violência e está errado. Se não violar a integridade e bem-estar do outro, não é violento e está certo. Essa fórmula budista é aplicável a todas as situações. A não violência é a pedra de toque do certo e do errado. Pensar corretamente é pensar bem dos outros e colocar o bem-estar alheio antes do nosso. Na verdade, o bem-estar alheio e o nosso são a mesma coisa. Externamente pode parecer que há um conflito entre nossos próprios interesses e os dos demais. Mas se queremos estar livres de sofrimento psicológico e emocional, é preciso priorizar o interesse dos outros. Dessa forma, estamos pondo fim aos conflitos e nos colocando a serviço do bem comum.

Em terceiro lugar, o pensamento correto permite que nossa fala seja correta. É claro que devemos dizer a verdade, mas é preciso falar de modo gentil, doce e sem violência. Se sinceramente queremos nos livrar do sofrimento e da dor, não devemos usar as palavras para condenar os outros, para rebaixá-los. Palavras ditas com raiva serão como um bumerangue: em algum momento voltarão para nos ferir. Provavelmente receberemos a raiva de volta. Inicialmente, palavras ásperas e raiva trarão desconforto a nós mesmos e aos outros e, logo depois, elas poderão gerar mais palavras ásperas da parte de quem as recebeu. Não podemos esperar ficar livres do sofrimento enquanto usarmos uma fala incorreta.

Em quarto lugar, é preciso agir corretamente. Antes de agir, pense: "Esta ação que estou prestes a realizar é necessária? Ela trará bem-estar a mim e aos outros?". Se a resposta for sim, então é uma ação correta. Nossa felicidade depende da ação correta. Não podemos culpar os outros por nosso sofrimento se nossas ações não forem corretas. Atente para suas ações. Assegure-se de que elas promovem harmonia, alegria e paz.

> " Tenha a coragem de viver com simplicidade, mas viva bem e com alegria. "
> Satish Kumar

Em quinto lugar, é preciso encontrar um meio de vida correto. Nosso propósito na vida não é apenas ganhar o suficiente para viver; nosso propósito é fazer a vida. Portanto, seu trabalho deve estar de acordo com sua vocação, seu chamado interior. Não procure sucesso em termos de fama e fortuna, mas busque realização. Em vez de procurar um emprego ou um trabalho, procure um meio de ganhar a vida. Um emprego pode dar dinheiro, pode pagar as contas, mas não traz felicidade. Não podemos nos queixar de infelicidade se aceitamos um trabalho que não gostamos de realizar. Tenha a coragem de viver com simplicidade, mas bem e com alegria. O desejo de ter mais, possuir mais coisas e propriedades, consumir mais, acabará causando dor e sofrimento. Portanto, o caminho para uma existência sem sofrimento passa por um modo de vida correto.

Em sexto lugar, é possível que estejamos trabalhando duro, sejamos muito atentos, comprometidos e diligentes, mas, se estamos colocando todo esse empenho em atividades como perfurar poços de petróleo, emprestar dinheiro a juros altos, desenvolver sementes geneticamente modificadas ou administrar a produção de bens inúteis ou prejudiciais, então toda a nossa diligência será em vão. A diligência é uma virtude apenas quando praticada no contexto correto e para promover fins corretos, ou seja, o bem comum.

Em sétimo lugar, assim como nossos esforços devem ser empregados na direção correta, também nossa atenção deve estar dirigida a finalidades corretas. É possível caçar, atirar, comprar e vender de forma consciente e atenta mas, ao fazê-lo, danificar o ambiente, fazer sofrer animais, dilapidar recursos naturais. Nesse caso, mesmo a "atenção plena" se torna algo lamentável. A "atenção plena" incorreta não porá fim ao sofrimento. Por esse motivo, ao longo da vida devemos nos perguntar: "Minha ação atenta está trazendo benefícios ou danos?".

Em oitavo e último lugar, assim como a diligência e a atenção, também a concentração pode ser benéfica ou prejudicial, certa ou errada. Portanto, devemos nos fazer a mesma pergunta de modo incessante: "Estou me concentrando nas coisas certas, ou será que minha concentração está causando mal-estar, confusão, irritação, depressão e tristeza?". Se a concentração é do tipo certo, ela se assemelha à meditação; e tendo a correta concentração como qualidade, é possível transformar as atividades rotineiras em práticas espirituais, seja falando, cozinhando, cuidando do jardim, fazendo algum conserto, construindo, escrevendo, falando ou realizando outras tarefas. Todas se tornarão fontes de prazer e alegria.

Essas oito práticas significativas podem pôr fim ao sofrimento. O Buda não pode nos entregar a felicidade numa bandeja; só nós podemos ser mestres de nosso próprio destino. A felicidade é um direito inato, mas é preciso conquistá-la e cuidar dela.

Mas se gostamos de ter uma visão errada, pensar equivocadamente, usar um discurso incorreto, agir mal, trabalhar no emprego inadequado, comer a comida que nos faz mal, como podemos ser felizes ou desejar o fim do sofrimento e da dor?

Através de visão correta, pensamento correto, fala correta, ação correta, meio de vida correto, diligência correta, atenção correta e concentração correta, é possível resolver todos os conflitos ou desconfortos e chegar ao equilíbrio.

O SOLO COMO MESTRE

Certa manhã o Buda estava sentado, meditando de pernas cruzadas, com as mãos no colo, a direita sobre a esquerda.

"Você ensina equilíbrio e compaixão. Onde aprendeu essa sabedoria?", perguntou-lhe um discípulo.

O Buda levantou sua mão direita e com ela tocou o solo. Sem falar, permaneceu naquela posição por algum tempo. O discípulo observou o Buda naquela nova postura, que ficou conhecida como *bhoomisparsha mudra*, ou "postura de tocar o solo".

O discípulo percebeu que a terra era o mestre do Buda. Não há ninguém mais paciente, resiliente, compassivo e generoso. A terra sustenta, alimenta e abriga a vida. Os humanos pisam nela, aram, cavam e constroem sobre ela, e mesmo assim ela perdoa. Os humanos colocam uma semente na terra e esta a multiplica, produzindo milhares de sementes, que por sua vez se tornam alimento. Nós, os buscadores da verdade e da liberação, precisamos aprender com a terra as qualidades da doação e do altruísmo incondicional.

> " Não há nada mais paciente, resiliente, compassivo e generoso do que o solo. "
> SATISH KUMAR

O discípulo notou também que o Buda escolheu sentar-se debaixo de uma árvore para meditar, e foi sob a árvore que ele atingiu a iluminação. E chegou à iluminação pela observação profunda de que todos os fenômenos do mundo vivo, corporificados pela árvore, são impermanentes e totalmente interconectados, e de que através da mutualidade e da reciprocidade o mundo chega à harmonia. O sol alimenta a árvore, a chuva nutre a árvore, a terra sustenta a árvore e a árvore alimenta os passarinhos. Ela também devolve nutrientes ao solo ao deixar cair suas folhas e frutos. O mundo é espantosamente interconectado! Assim como a árvore, tudo mais também o é. A vida se mantém por uma constante troca entre dar e receber. Na natureza não há acumulação, posse ou propriedade. Tudo está em constante fluxo. Este é o significado da "postura de tocar o solo".

Num outro dia, o Buda estava sentado perto de um lago, e os discípulos em torno dele, todos sentados calmamente e em silêncio, esperavam para receber um ensinamento. Mas o Buda colheu uma flor de lótus do lago e olhou dentro dos olhos dos monges. Os monges também olhavam para os olhos do Buda, mas havia uma espécie de vazio nos olhos dos discípulos. O vazio era causado por um misto de espanto e admiração. O Buda continuava segurando a flor de lótus. Momentos depois, um discípulo chamado Ananda sorriu alegremente para o Buda, que devolveu o sorriso com igual alegria. O Buda recolocou a flor de lótus na água, levantou-se e afastou-se sem dizer uma palavra.

Os demais discípulos olharam para Ananda espantados e perguntaram a ele: "Enquanto nós olhávamos para o Buda e tentávamos imaginar por que ele segurava a flor de lótus na mão, você sorriu tão alegremente que o mestre se encantou e o abençoou com um sorriso, com um brilho nos olhos. Por gentileza, Ananda, diga-nos: o que aconteceu entre vocês?".

Ananda respondeu: "Quando vi a flor de lótus na mão do mestre iluminado, o Buda, vi aquilo como um lótus, nada mais que um lótus, uma simples flor do lago. Depois de algum tempo, meditando, percebi o sol na flor, a água na flor, vi a lama na flor; sem lama não há lótus. Então vi o Buda no lótus; sem lótus não há ensinamentos do Buda. Naquele instante de grande aprendizado eu vi o lótus e o Buda como um só. Vi o universo inteiro no lótus. Compreendi o significado da originação codependente – tudo é feito de tudo o mais – a vida é uma, abarcando muitos elementos dentro de si e manifestando-se em muitas formas, mas cada uma delas totalmente dependente das outras. Quando percebi esta verdade, a unidade de toda a vida, fui tomado de alegria, e sorri. Acredito que o Buda compreendeu a minha experiência. Por isso ele sorriu também".

Os discípulos ouviram esse testemunho em silêncio, atônitos. Também eles puderam entender um pouco da grande verdade.

Os ensinamentos do Buda se espalharam por todos os cantos, muito embora ele não se deslocasse para nenhum lugar longe demais para se chegar a pé. Falava pouco e se comunicava por muitos gestos. O mais importante foi o grande impacto que provocou com seu exemplo vivo. Mesmo na ausência de outros meios de comunicação além da fala, milhares de pessoas vinham escutá-lo, aprender com ele e seguir seu exemplo. Seus ensinamentos eram a pura verdade instalada em seu coração, e ele ensinava com profunda compaixão por todas as pessoas, independentemente de sua origem.

Perto do fim de sua vida, um discípulo perguntou ao Buda: "Parece que você chegou ao entardecer de sua vida. Espero que reencarne muitas e muitas vezes como nosso grande mestre".

E o Buda respondeu: "Não desejo reencarnar como mestre. Reencarnarei como Maitreya, um amigo. Onde quer que haja um espírito de amizade, ali estarei presente. Professores e alunos deveriam ser amigos, pais e filhos deveriam ser amigos, irmãos e irmãs, maridos, mulheres e vizinhos deveriam ser amigos. Mesmo humanos e animais, pássaros e insetos, rios e florestas deveriam ser amigos; sustentar um ao outro, apoiar um ao outro e viver em harmonia".

Tais ensinamentos são muito inspiradores. Não admira que, mesmo depois de passados 2.600 anos desde que nos deixou, ainda consideremos seus ensinamentos tão edificantes. Não é a pessoa do Buda ou o Buda histórico que me inspiram, mas sim o Buda que vive em meu coração. Não obstante, o Buda foi um dos grandes mestres que ensinaram o caminho para a cura do Solo, da Alma e da Sociedade.

UNINDO APRENDIZADO E VIDA

Mahavira, outro grande mestre, contemporâneo do Buda e fundador do jainismo tal como praticado hoje em dia, ensinou a compaixão para com todos os seres sencientes e a reverência pela vida, através do cuidado do Solo, da Alma e da Sociedade.

Nasci numa família jainista e me tornei monge aos nove anos de idade. Para mim foi como ir para a escola, mas uma escola muito diferente da normal. Naquela escola não havia diferença nenhuma entre aprender e viver. Educação, para os monges, não era passar nas provas e arrumar um emprego; estudávamos para libertar a alma.

Antes de aprender sobre liberação, tive de aprender sobre o apego. Era necessário compreender do que eu buscava me libertar. Meu mestre se chamava Tulsi, mas eu o chamava de Gurudev, que significa "divino mestre". Ele não era um professor comum; portanto, eu não podia ser um aluno comum, que busca o conhecimento por motivos imediatistas. Eu buscava conhecimento para curar a alma.

Meu guru me disse: "Antes que você aprenda filosofia, idiomas, literatura e outros assuntos, precisa aprender a humildade. Pela humildade se adquire conhecimento e, então, a partir do conhecimento, se aprende a ser ainda mais humilde".

"O que é humildade?", perguntei.

"A humildade é abrir mão de seu ego, de seu desejo de adquirir conhecimentos como um objeto. Humildade é comprometer-se integralmente com o que você está aprendendo e com o professor, que é o canal do seu aprendizado. Esse compromisso exige completa dedicação e concentração. Requer que se aprenda de cor e se aguce a memória."

Essas eram ideias grandiosas, e eu era apenas um menino de nove anos. Lembro-me de ficar confuso, mas o guru me deu confiança: "Apenas guarde estas palavras no fundo de sua mente, mas não se preocupe com elas".

"O que significa unir o aprendizado à vida?", perguntei.

Então o guru me contou a história do grande épico indiano, o *Mahabharata*. Yudhisthira era o mais velho de cinco irmãos da famosa família dos Pandavas. Yudhisthira foi estudar sânscrito com um professor. O mestre lhe deu algumas orações para aprender de cor:

> *Satyam vad*   Fale a verdade
> *Dharmam char*   Siga o caminho do bem
> *Krodham ma kuru*   Não tenha raiva

"Você tem vinte e quatro horas para aprender estas orações de cor", disse o mestre.

Na manhã seguinte, Yudhisthira voltou para a aula. "Você já aprendeu as três orações que ensinei ontem?", perguntou o mestre.

"Senhor, aprendi duas delas, mas não a terceira. Pode me conceder mais um dia? Farei o máximo para aprender", disse Yudhisthira.

"Você é um menino muito lento, muito preguiçoso", e havia um traço de raiva nas palavras do professor. No entanto, foi concedido o prazo adicional de vinte e quatro horas para acabar de aprender a lição.

No dia seguinte, Yudhisthira entrou tímido e retraído na sala do mestre. "O que há com você, Yudhisthira? Venha aqui. Você aprendeu as orações?"

"Senhor, me desculpe. Sou muito lento. Ainda estou tentando aprender a terceira oração", disse Yudhisthira.

"O que está dizendo? Você deve ser o aluno mais burro que já tive!", e, ao falar, o professor bateu na cabeça de Yudhisthira.

"Senhor, Senhor! Aprendi. Aprendi. A terceira oração é 'Krodham ma kuru', 'Não tenha raiva'. Aprendi, finalmente."

O mestre ficou surpreso. "O que quer dizer com isso? Minutos atrás você dizia que não sabia, e agora já sabe. O que aconteceu?"

"Senhor, apesar de o senhor ter ficado com raiva de mim, eu não fiquei com raiva, então parece que aprendi."

Nesse caso, o aluno era bom, mas o professor não era um grande mestre, pensei comigo mesmo. Felizmente, meu guru, Tulsi, era a verdadeira encarnação da unidade entre teoria e prática, e quando ele me contou a história de Yudhisthira, colocou-me na direção certa. Dia após dia eu aprendia sobre o significado de *dharma*.

"Se você souber o significado de *dharma*, saberá o significado da vida", disse-me o guru Tulsi.

Aprendi que *dharma* significa muito mais do que pode ser explicado em palavras. Parodiando o que está escrito no *Tao Te Ching* sobre o Tao, aquilo que pode ser dito sobre o *dharma* não é o *dharma*. É preciso vivenciar o *dharma* e senti-lo na alma. Mas se é forçoso usar palavras, então eu diria que *dharma* é a verdadeira natureza de todos os seres, ou seja, é viver segundo nossa verdadeira natureza e manifestar nosso verdadeiro ser. É preciso conhecer a nossa verdadeira natureza. Quem sou eu? Por que estou aqui? Como posso ser e viver de modo fiel à minha alma?

Segundo os ensinamentos jainistas, não somos meramente nosso corpo. Somos a corporificação da nossa alma, do nosso espírito.

Somos seres físicos e também não físicos. É fácil conhecer a realidade física, mas muito mais difícil conhecer a realidade não física, a realidade da alma, do espírito, do *atman*.

Um dos princípios instintivos da existência é que todos os seres querem viver e nenhum deles deseja ser morto. Portanto, matar, destruir ou causar dano à vida é contrário ao *dharma*, ao passo que cuidar e conservar a vida de modo compassivo é seguir o *dharma*. Esse primeiro princípio do *dharma* é traduzido como não violência ou, na terminologia jainista, *ahimsa*, que significa "não ferir": não violência para consigo, para com outras pessoas e para com outras criaturas: animais, plantas, insetos, oceanos e todas as formas de vida.

Embora seja impossível chegarmos à não violência completa, os jainistas tentam minimizar a violência a cada momento e aumentar a compaixão dia após dia, hora após hora, momento a momento.

Eu tinha apenas nove ou dez anos, mas todos os dias meu guru me perguntava: "Sua compaixão está aumentando?". Eu não sabia o que responder, mas ele dizia: "Você deve aprender a nadar num oceano de compaixão. A compaixão não tem limites".

Certa vez perguntei a meu guru: "Os peixes grandes comem os peixes pequenos; os animais grandes comem os animais pequenos. Portanto, me parece que a violência é parte integrante da natureza. A não violência total é impossível".

"Bom argumento. Contudo, os animais praticam a violência na maioria das vezes para sobreviver, raramente por a desejarem. Mas os humanos parecem ter a capacidade de ceder ao desejo de violência, criar armas de fogo e bombas, dominar e explorar, cultivar a crueldade e exercer controle; e essas tendências precisam ser revertidas", disse meu guru. "Um pouco de raiva e um pouco de egoísmo são parte da natureza humana, mas também a compaixão e a bondade. É preciso capinar e arrancar as ervas daninhas da raiva e do orgulho, e deixar crescer no campo da consciência as flores da compaixão e da bondade."

Ganhei uma vassoura macia de cerdas de lã, com a qual devia varrer o chão antes de me sentar, para não ferir alguma formiga ou pequeno inseto. Aprendi a levar sempre a vassourinha e varrer o caminho à minha frente para caminhar, especialmente à noite, evitando assim pisar em algum inseto.

Todos os jainistas são necessariamente vegetarianos; por isso um dia perguntei a meu guru: "Você me ensinou que mesmo flores, vegetais, ervas e grãos possuem alma. Isso significa que estamos tirando a vida de seres vegetais para nosso alimento. Isso é violência".

Meu guru respondeu: "Você tem razão. Todos os vegetais e plantas estão vivos. Mas na nossa prática de não violência dizemos que, em primeiro lugar, é preciso não causar danos às criaturas que têm os cinco sentidos, como humanos e animais mamíferos. Isso poria fim às guerras e à matança de mamíferos em todas as suas formas. Depois estendemos a prática da não violência a criaturas que possuem quatro sentidos, três sentidos e dois sentidos. Na biologia jainista, os vegetais são considerados seres com um sentido, e para viver é preciso tirar a vida. Portanto, tiramos nosso sustento da forma mais simples de vida. Isso se chama 'minimização progressiva da violência'. A consciência humana evoluiu de tal forma que somos capazes de distinguir que criaturas possuem um, dois, três, quatro ou cinco sentidos, e desenvolvemos nossa consciência a ponto de torná-la compassiva. Tal compaixão em relação a todos os seres sencientes é a chave para a libertação do apego a seu próprio corpo à custa dos corpos de outros seres. Por meio da compaixão também nos libertamos do desejo de controle, de subjugação e exploração dos outros para nossa própria gratificação".

A minimização progressiva da violência e a maximização da compaixão significam uma vida de autocontrole. Se a não violência e a compaixão são o primeiro e mais importante princípio do *dharma*, o autocontrole é o segundo.

"O caminho para a libertação do medo, da raiva e do apego passa por uma vida de autocontrole. No autocontrole encontramos o contentamento. A não violência exige autocontrole", disse meu guru.

Fui instruído a ter apenas uma muda de roupa, fazer somente uma refeição por dia e possuir apenas os livros que conseguisse carregar nos ombros, e os livros que possuía eram em sua maioria cópias manuscritas de textos religiosos chamados sutras, contendo os ensinamentos de Mahavira. Estava aprendendo muitos dos sutras de cor. Antes de dormir, por volta das 22h, eu recitava os sutras que havia decorado durante o dia. Eu acordava ou me acordavam às 4h e novamente recitava os versos que tinha aprendido no dia anterior. Se me esquecesse de algum, voltava ao manuscrito e o memorizava novamente. Meu guru sempre enfatizava a importância da memorização.

Ele dizia: "O conhecimento na sua cabeça é como dinheiro no bolso. Pode-se usá-lo a qualquer momento. Você precisa incorporar o conhecimento – ele não deve ser mera informação contida nos livros. Só se pode viver o conhecimento se ele estiver no seu sangue e nos seus ossos, na sua consciência mais profunda. A palavra sutra tem dois significados: fio e texto espiritual. Um fio passado por um buraco de agulha é mais difícil de se perder, e quando se perde, é mais fácil de se encontrar; da mesma forma, se sua mente está perpassada por textos sagrados, os sutras, você não se perderá no mundo dos desejos, vontades e paixões".

Assim, aprendi de cor 10 mil versos dos sutras jainistas durante os nove anos de minha vida como monge. Eu os recitava sempre depois do pôr do sol, nas horas da escuridão da noite e novamente antes do amanhecer.

Aprendi a praticar o autocontrole em relação à aquisição e uso de bens materiais, mas não era necessário restringir a aquisição de conhecimento dos sutras e das práticas da compaixão.

"Por que ensinamos e praticamos o autocontrole? Porque o consumo irrestrito é resultado da ganância", dizia meu guru. "A ganância leva à ansiedade, ao medo da perda, e priva os outros dos meios para satisfazer suas necessidades. O autocontrole é um pré-requisito da justiça. Todos os humanos são iguais. De fato, todos os seres vivos são iguais. Portanto, por que acumular e possuir mais do que precisamos? Através de nossa sabedoria e conhecimento devemos distinguir entre necessidade e ganância. A ganância também leva à inveja, ao ressentimento e ao ciúme por parte daqueles que estão privados de sua justa porção."

O terceiro princípio do *dharma*, igualmente importante, é o cuidado da alma. Cada um de nós é o centro de seu próprio mundo. O mundo é como nós somos, e o mundo é como nós o vemos. Portanto, trabalhar para desenvolver, descobrir e reconhecer as qualidades da nossa alma é essencial para a autolibertação. Dos nove aos 18 anos de idade não aprendi apenas a praticar o autocontrole e a não violência em relação a todos os seres, mas também a desenvolver as qualidades da alma por meio de longas e profundas meditações, pela prática de 24 horas de silêncio uma vez por semana, pelo jejum um dia por mês e pela prática de manter-me quieto e isolado na mata.

> " O mundo é como nós somos e o mundo é como nós o vemos. "
> SATISH KUMAR

"O mundo é feito de indivíduos, criaturas individuais, rios individuais, árvores individuais, e assim por diante. Portanto, cuidar de todos e de cada um dos indivíduos resultará no cuidado do mundo. Não podemos cuidar dos outros se não cuidamos de nós mesmos. Somos nossa própria luz e nossa própria escuridão. Somos nosso próprio amigo e nosso próprio inimigo. Liberte-se, seja você mesmo. Outros o ajudarão. Eu o ajudarei. Mas nossa ajuda só será eficaz se você ajudar a si mesmo. O alimento que outra pessoa ingere não alimenta o nosso corpo. Para nos alimentarmos, é preciso que nós mesmos levemos a comida à boca. Da mesma forma, é pela nossa ação que a alma se nutre. A jornada da alma nem sempre é fácil. Talvez seja necessário passar por crises psicológicas e emocionais, dúvidas e desânimo, mas persista, aguente, pois outros já passaram por essas experiências e aprenderam que há um estado de libertação, um estado de iluminação em que atingimos o equilíbrio. Nesse estado de liberação somos capazes de tratar com equanimidade a dor e o prazer, o ganho e a perda, o negativo e o positivo. O propósito de seu aprendizado, de sua vida e de todos os seus esforços é atingir um estado de equilíbrio e harmonia."

Naqueles anos aprendi o caminho do *dharma*. O *dharma* é praticar a não violência para o bem-estar da terra, praticar o autocontrole para o bem-estar da sociedade e nutrir-se para o bem-estar da alma.

Por fim, Gurudev Tulsi me disse: "Os três princípios que ensinei a você não devem ser entendidos como dogmas. Nossa filosofia está enraizada no conceito da multiplicidade das verdades. A verdade, em última instância, é fluida como a água. A verdade é invisível como o ar. Portanto, aprenda a conviver com a ambiguidade, abrace as incertezas, pratique a flexibilidade, mantenha a mente aberta. Não existe objetivo fixo e rígido. Todos os dias, temos de buscar nossa libertação, que está além das descrições, definições, prescrições e regras. Libertação significa que é preciso libertar-se de ideias rígidas sobre a própria libertação. Seja atento, aberto, consciente, e vá além dos conceitos do intelecto. Quando estiver livre, talvez nem perceba que está livre".

Esses foram os ensinamentos que recebi na juventude, ensinamentos do Buda e dos jainistas. Aprendi a unidade da natureza, do espírito e da compaixão; um *continuum* formado por Solo, Alma e Sociedade.

O pensamento se manifesta como palavra;
A palavra se torna ação;
A ação se torna hábito;
E o hábito forma o caráter.
Portanto observe o pensamento e seus caminhos com atenção,
E permita que eles surjam do amor,
Nascido do desejo de que todos os seres estejam bem.
BUDA

3
SEJA A MUDANÇA

"*Seja qual for o tipo de governo, seu papel deveria ser o de coordenação simples, sutil e invisível, como o fio de um colar.*"

SEJA A MUDANÇA

No capítulo anterior, descrevi duas tradições antigas que me ajudaram a encontrar minha perspectiva sobre a trindade Solo, Alma e Sociedade. Neste capítulo escreverei sobre Mahatma Gandhi, que personificou o cuidado com a natureza, o espírito e a humanidade.

Mahatma Gandhi teve um papel muito especial em minha vida. Quando eu era monge jainista, alguém secretamente me passou um exemplar de sua autobiografia. O que mais me impressionou naquele livro foi sua afirmação de que, para praticar a espiritualidade, não é necessário abrir mão do mundo e tornar-se monge. A verdadeira espiritualidade, argumentava ele, precisa ser praticada na vida diária, na política, nos negócios e dentro de casa.

Gandhi também me fez compreender que o que determina a qualidade da ação é a motivação por trás da ação. Se ingressamos na política pelo poder, pela fama ou pela fortuna, então esta é uma política de orgulho e materialismo. Mas se a motivação for o serviço à sociedade e o cuidado com a Terra, ou a purificação da alma, então a política é espiritual e leva à autolibertação e à libertação dos outros. Isso me induziu a deixar a ordem monástica, um período que descrevo em meu livro *No Destination* [Sem destino].

Já que desejava aprender mais sobre a filosofia e as práticas do Mahatma, a grande alma, decidi ir viver num *ashram* gandhiano em Bodhgaya, local onde o Buda se iluminou sentado sob uma árvore. Lá pude ler o livro de Gandhi intitulado *Sarvodaya*, que significa "o bem-estar de todos". Estávamos em 1956 e eu tinha 20 anos de idade. A Índia era uma nação nova, tendo conseguido a independência da Grã-Bretanha em 1947. Debatia-se muito sobre os rumos que o país devia tomar. Alguns advogavam o comunismo, pois o sucesso da União Soviética e da China era uma luz inspiradora para os jovens ativistas radicais indianos. Outros defendiam a livre empresa, pois olhavam para o modelo estadunidense de capitalismo e industrialização. Havia também os social-democratas, que queriam uma economia mista, aproveitando o melhor de Marx e de Adam Smith.

Mas Mahatma Gandhi tinha uma visão de mundo diferente. Ele via a falácia, a estreiteza e as bases utilitárias sobre as quais socialistas, comunistas e capitalistas construíram seus sistemas. No fundo não havia grande diferença entre eles. Todos visavam a exploração e subjugação da natureza para benefício dos humanos. Tais sistemas não podem ser chamados de holísticos. Sob a designação de *sarvodaya*, Mahatma Gandhi descreveu um sistema no qual os seres humanos poderiam minimizar suas necessidades materiais e maximizar sua qualidade de vida através de valores espirituais, culturais, artísticos e humanos.

O termo *sarvodaya* é composto de *sarva* e *udaya*. *Sarva* significa "todos" (não apenas seres humanos, mas todos os seres vivos) e *udaya* significa "bem-estar". Portanto, *sarvodaya* inclui a todos e não exclui coisa alguma. Segundo esse sistema, animais, insetos, plantas, florestas, montanhas, rios e também os humanos – todos têm valor intrínseco. Os humanos não têm o direito de explorar a natureza, assim como não têm o direito de explorar seus semelhantes. É dever dos humanos receber as dádivas da natureza com gratidão e humildade para atender suas necessidades básicas, e também é seu dever repor aquilo que foi tirado. Mahatma Gandhi dizia que há suficiente no mundo para a necessidade de todos, mas não o suficiente para a ganância de qualquer pessoa.

Na época em que Mahatma Gandhi escreveu esse texto, nos anos 1920 e 1930, o ambientalismo ou a ecologia não constavam das agendas de ninguém. Gandhi nunca se intitulou ambientalista, mas sua ideia de *sarvodaya* já contemplava a necessidade de respeitar a terra, reverenciar a vida e reconhecer nosso profundo relacionamento com o ar, a água e o solo.

Tendo sido monge jainista, imediatamente compreendi o profundo significado da não violência para com a natureza. Para a maioria das pessoas, a não violência significava apenas respeito pela vida humana, evitar conflitos humanos, eliminar a possibilidade de guerras. Mas para Gandhi a não violência ia muito além e mais fundo. É preciso ser não violento consigo mesmo, com outras pessoas e com a natureza. Mahatma Gandhi sabia que não há limites para nossos desejos, vontades e ganância. A Terra finita não pode satisfazer a ganância infinita de uma população que não para de crescer.

Na visão gandhiana o autocontrole não significa privação, fome ou miséria; significa conhecer a medida apropriada e viver de acordo com nossos limites; reconhecer que há outras espécies que também precisam de espaço, comida, florestas e água. Os humanos não têm o direito de abocanhar a parte de outras espécies. Este é o princípio que leva a uma vida de elegante simplicidade.

Sarvodaya não reconhece a superioridade da espécie humana sobre outras espécies. Os humanos devem ser tão respeitados quanto as outras espécies. Por exemplo, quando queremos uma fruta, a árvore frutífera é importante. Quando queremos água, o rio é importante, mas quando queremos desfrutar de uma peça de teatro ou da poesia, Shakespeare pode ser a solução. Quando queremos calor, temos vontade de ir para casa. Portanto, *sarvodaya* reconhece a função adequada de cada coisa e confere o devido respeito a todas.

Quando estamos com sono, uma cama é de grande valor, mas quando estamos com fome, a cozinha é o lugar mais importante. Da mesma forma, não há hierarquia de espécies na filosofia de *sarvodaya*. Nesse universo, todos têm seu lugar, somos feitos um do outro, estamos todos relacionados. Contudo, com a raça humana ocupando uma posição de mando, não apenas exploramos a natureza mas despejamos nosso lixo e poluição no ambiente; os gases tóxicos causam o aquecimento global; os resíduos nos mares provocam a morte de inúmeras espécies; a poluição e o desmatamento levam à degradação do solo e à erosão. Só podemos garantir bem-estar para nós se o solo, o ar e a água estiverem em boas condições.

É interessante notar que Mahatma Gandhi e Einstein partilhavam ideais semelhantes. Numa carta a um rabino, Einstein escreveu: "Um ser humano é parte do todo chamado por nós de 'universo', ele é uma parte limitada no tempo e no espaço. O ser humano experimenta a si mesmo, seus pensamentos e sentimentos, como algo separado do resto – uma espécie de ilusão de óptica da consciência. Essa ilusão é um tipo de prisão para nós, limitando-nos a nossos desejos pessoais e ao afeto por umas poucas pessoas mais próximas. Nossa tarefa é a de nos libertarmos dessa prisão ampliando o círculo de compaixão a fim de abraçar todas as criaturas vivas e todo o mundo natural em toda sua beleza. Ninguém consegue realizar isso de modo total, mas a busca desse ideal é em si parte da libertação, e um fundamento para a segurança interior". (Como citado em *Viver a catástrofe total*, por Jon Kabat-Zinn.)

Einstein e Gandhi tinham grande admiração um pelo outro – não é de surpreender, dadas as suas visões da interconexão de toda a vida.

Se o bem-estar de todos (*sarvodaya*) é o ideal para a sociedade, então *swaraj* (autonomia ou autogoverno) é a forma política para atingir esse ideal. Mahatma Gandhi não era apenas um idealista, nem um filósofo de poltrona. Ele era um homem prático e de ação. Para ele, um ideal só era bom se fosse possível colocá-lo em prática.

Swaraj também é uma palavra composta: *swa* e *raj*. *Swa* significa "ser" e *raj* significa "brilhar". Em outras palavras: o brilho do ser ou o ser que brilha. Segundo o erudito indiano Makarand Paranjape, "Poderíamos dizer que *swaraj* é outra palavra para designar iluminação". A independência política seria, portanto, uma versão do autogoverno.

Num artigo publicado no *Harijam*, jornal semanal editado por Gandhi, o Mahatma esboçou sua visão de uma boa sociedade: "A vida não será uma pirâmide, com o ápice sustentado pela base. Ela será um círculo oceânico cujo centro será o indivíduo, sempre pronto a dar sua vida pela aldeia, e a aldeia pronta para dar a vida pelos aldeões, até que por fim o todo se torne uma vida composta de indivíduos, jamais agressivos por arrogância, mas humildes, partilhando a majestade do círculo oceânico do qual são parte integrante. Assim, a circunferência mais externa não usará de poder para oprimir o círculo interno, mas dará força a todos dentro de seus limites e tirará dali sua força".

Makarand Paranjape comenta esse texto: "No modelo de círculos oceânicos proposto por Gandhi, temos um modo de nos relacionarmos com os outros que é muito diferente da ordem piramidal ou hierárquica da maioria das sociedades. Nesta temos umas poucas pessoas no topo reinando sobre as demais. Quanto mais alto se sobe, menos pessoas há, até que chegando ao topo resta apenas uma. No modelo de Gandhi, o indivíduo é o centro do círculo oceânico, que se expande indefinidamente para incluir sua família, sua vizinhança, sua aldeia, cidade, estado, país, e assim por diante. O maravilhoso é que Gandhi permite que cada indivíduo seja o centro de seu cosmos, mas não limita ninguém às fronteiras de si mesmo. Todo ser tem a capacidade de se expandir, chegando a todos os outros, dedicando sua vida ao bem comum. Portanto, o ser em *swaraj* não é limitado, mas está em expansão – uma expansão potencialmente ilimitada, que pode se estender para abraçar o cosmos como um todo. (Em *Acts of Faith: Journeys to Sacred India,* por Makarand Paranjape.)

Mahatma Gandhi inspirou-se na natureza para conceber esse modelo de autonomia ou autogoverno. Os sistemas da Terra se auto-organizam, se automantêm e se autogovernam; assim deveriam ser também os sistemas humanos. Qualquer que seja a forma de governo adotada por nós, seu papel deveria ser o de coordenação simples, sutil e invisível, como o fio de um colar. Mal notamos o fio que corre por dentro das contas, mas ele está ali. Da mesma forma, o governo está presente, mas os cidadãos estão tão empoderados que conseguem gerir a maioria de suas questões no âmbito local. Assim, o máximo de poder permanece nas mãos de comunidades em escala humana, incluindo a manutenção da lei e da ordem, a oferta de saúde e educação, e a organização do comércio e do transporte.

Swaraj só é viável quando adotamos o ideal de comunidades pequenas, cidades pequenas e nações pequenas. Para Gandhi, a Índia poderia ter unidade cultural, mas diversidade política e descentralização do poder. Por um lado, somos todos cidadãos do mundo, membros de uma única família humana; por outro, estamos firmemente enraizados em nossas comunidades locais e em nossos lares.

Para estabelecer *swaraj* (autogoverno), é preciso uma educação ética em grande escala e também confiança na bondade inata e no senso ético das pessoas.

Segundo a tradição indiana, toda criatura (humana ou não) é basicamente boa. Como a água ou o ar, as almas humanas são puras. Contaminação e poluição são aberrações, e não a regra. O egoísmo, a ganância, a exploração do outro e o desejo de poder sobre os demais emergiram em função de circunstâncias sociais e econômicas. Se conseguirmos restaurar a justiça social e econômica, e valorizar as pessoas por suas qualidades de bondade, compaixão e generosidade, em vez de riqueza, poder e *status*, elas passarão a desejar o desenvolvimento de qualidades espirituais, ao invés de competir por vantagens materiais.

A chave para o sucesso do autogoverno (*swaraj*) é uma escala organizacional apropriada. Nas comunidades pequenas, todos se conhecem; portanto, qualquer conflito, problema ou dificuldade pode ser detectado e remediado imediatamente. Nas cidades grandes e nos países continentais, há um alto grau de anonimato e sigilo, e por isso são necessárias grandes organizações para lidar com o crime, os conflitos e a violência. Precisamos cada vez mais policiais, cortes e prisões. Portanto, para ter autogoverno é preciso dar mais poder às comunidades locais e incentivar a atividade econômica no âmbito local. Dessa forma o fardo da governança que recai sobre o governo central ficará cada vez mais leve. Regras e regulamentos serão mais simples e a ordem poderá ser mantida localmente.

Este não é um sonho impossível. Pequenos países como a Suíça e o Butão têm um nível maior de autogoverno do que países grandes como a Índia ou os Estados Unidos da América. No passado, as comunidades nativas viviam em sua maioria sob padrões democráticos de autogoverno e descentralização. As nações-estado de grande escala são um fenômeno relativamente moderno. A União Soviética era um sistema centralizado e monolítico, mas chegou ao fim para o benefício de muitos estados menores. O poder pode ser ainda mais descentralizado, sem qualquer prejuízo dos serviços essenciais e do bem-estar da população. Há dois motivos para a centralização do poder. Em primeiro lugar, devido à falta de confiança no povo – há o temor de que as populações locais não consigam gerir suas questões. Em segundo lugar, as pessoas no poder utilizam esse maior controle a fim de obter benefícios pessoais.

A concepção gandhiana de autogoverno não leva em consideração esses dois entraves. No autogoverno é preciso confiar nas pessoas e em sua habilidade para se autogerenciarem, e no seu bom senso para distinguir o certo do errado. Mesmo que cometam erros, seus erros não serão piores que aqueles cometidos por chefes de estado que presidem gabinetes imensos, ou presidentes de grandes corporações.

A crise econômica que assombra a Europa e os Estados Unidos não aconteceria se o poder político e econômico estivesse enraizado em comunidades locais, pois elas seriam mais autorreferidas e detectariam o problema nos estágios iniciais. Mesmo que algumas vezes falhassem na solução, o impacto de seus erros seria mais leve e limitado.

O autogoverno (*swaraj*) é um princípio de participação popular em sua própria vida política – o contrário de ser controlado por outros. Portanto, é um caminho de autodeterminação, um fórum de verdadeira democracia, ao invés da plutocracia e da burocracia praticadas na Europa, Índia e Estados Unidos sob a designação de democracia. Os estados grandes e centralizados não conseguiram resolver a maioria dos problemas humanos. Por exemplo, a pobreza persiste, mesmo nos Estados Unidos, sem mencionar África, Índia e China. Um país como os EUA, com tantos recursos e um imenso território, abençoado com a ciência e a tecnologia mais avançadas, ainda sofre com a criminalidade, a depressão, o analfabetismo, a existência de moradores de rua e o consumo de drogas em grande escala. Então, qual a vantagem em ter um superpoder centralizado que é incapaz de cuidar de sua gente?

> No autogoverno é preciso confiar nas pessoas e em sua habilidade para se autogerenciarem, e no seu bom senso para distinguir o certo do errado.
> SATISH KUMAR

Não apenas os problemas da pobreza e da exclusão social não foram resolvidos: os grandes estados são os maiores causadores de conflito. Países como o Butão, a Noruega ou a Costa Rica não podem custear uma guerra contra países longínquos, ou ter armas nucleares para subjugar seus vizinhos. Se queremos eliminar ou ao menos mitigar problemas como pobreza, exclusão e guerras internacionais, é preciso escutar o que Gandhi ensinou e explorar a possibilidade de reorganizar nossos estados-nações em unidades com escala mais humana e dotadas de autogoverno.

Contudo, como observa o acadêmico canadense Anthony Parel em publicação recente, "O *swaraj* que Mahatma Gandhi almejava exige não apenas autogoverno político da nação, mas também o autogoverno espiritual ou *swaraj* do cidadão". E Parel continua: "O *swaraj* de Gandhi incluía *swaraj* político e econômico e também uma renovação estética. Entretanto, mesmo tudo isso não seria suficiente para atingir o *swaraj* completo. Para um *swaraj* completo, o cidadão teria de gozar de *swaraj* espiritual – liberdade interior – obtida pela transformação espiritual". (Em *Gandhi: Hind Swaraj and Other Writings*, editado por Anthony Parel.)

Portanto, *swaraj* significa autogoverno ao invés de governo sobre os outros. Se as organizações políticas, econômicas e sociais forem construídas sobre o fundamento da transformação espiritual, então a política e os negócios se tornariam uma forma de serviço pelo bem comum, e a divisão entre a esfera política e a espiritual chegaria ao fim.

Gandhi enfatizava a dimensão pessoal do *swaraj* argumentando que, se não somos livres, não podemos promover a liberdade de outras pessoas.

A ideia de *swaraj* não é um conceito cristalizado; é um processo em contínua evolução, uma jornada que não termina e não tem destino fixo. Não é preciso temer a impossibilidade de um *swaraj* perfeito, mas precisamos nos empenhar em maximizar o autogoverno e minimizar o governo sobre os outros e a sujeição ao governo dos outros.

Quando estamos atentos às nossas responsabilidades pessoais e à justiça social, estamos também conscientes de que devemos cuidar do ambiente natural do qual depende a vida. Não há separação entre *swaraj* pessoal, social e ambiental.

O terceiro conceito desenvolvido por Gandhi é o de *swadeshi*, que diz respeito à economia local, novamente com base no princípio de participação de cada cidadão nas atividades econômicas de sua comunidade. *Swa* significa "ser" e *deshi* significa "local". O termo foi cunhado durante o movimento pela independência da Índia. Naquele tempo o algodão era exportado da Índia para a Inglaterra, transformado em tecido nas fábricas inglesas e trazido de volta à Índia para ser vendido com lucros altos. Assim se destruiu a indústria algodoeira na Índia.

Uma economia dependente de importações de países distantes era uma economia que beneficiava os lucros e não as pessoas. Portanto, Gandhi liderou o movimento de *swadeshi*, boicotando não apenas produtos vindos da Inglaterra, mas também de fábricas em Mumbai, Chenai ou Calcutá. Foi nesse contexto que Gandhi difundiu o uso da roca de fiar, estimulando as pessoas a fiar o algodão e tecê-lo localmente, promovendo assim um meio de vida, arte, artesanato e união comunitária, tudo ao mesmo tempo.

Swadeshi promove a dignidade do trabalho – torna as pessoas autoconfiantes, autossuficientes e independentes dos grandes produtores, comerciantes e exploradores, que desejam concentrar cada vez mais lucros em cada vez menos mãos. *Swadeshi* dá importância a tecnologias e ferramentas adequadas à escala humana, ao invés de fábricas enormes. Se a tecnologia ou a máquina ajuda as mãos humanas e torna o trabalho mais leve, então essa tecnologia é compatível com *swadeshi*. Mas se a tecnologia substitui as mãos humanas e torna os trabalhadores desnecessários, então essa tecnologia não é compatível com *swadeshi*.

Mahatma Gandhi acreditava que as coisas que podem ser feitas localmente, à mão, com ferramentas e tecnologias acessíveis, devem ser protegidas – como a produção de comida, roupas, sapatos, móveis e utensílios, e mesmo casas. As tecnologias de larga escala, com investimentos de capital muito alto, muito sofisticadas, só devem ser usadas para fazer coisas que não podem ser produzidas localmente, à mão, com tecnologias acessíveis. A tecnologia deve estar a serviço das pessoas, e não as pessoas a serviço da tecnologia. Quando a tecnologia e a economia governam, e as pessoas se tornam instrumentos da máquina industrial, então o trabalho passa a destruir a alma, prejudicar o solo e solapar a harmonia social.

A globalização é a antítese de *swadeshi*. Ela depende de extensos sistemas de transporte que usam quantidades excessivas de combustíveis fósseis, resultando em maciças emissões de carbono que levam a mudanças climáticas. Uma economia local é garantia de uma existência sustentável com menor dano ambiental.

A espiritualidade não é apenas sentar-se de pernas cruzadas e olhos fechados cantando "paz, paz"; ou ir à igreja aos domingos para cantar hinos de louvor; ou ler os Vedas, o Corão ou a Bíblia; ou realizar outras práticas religiosas similares.

Swadeshi transforma a agricultura, a jardinagem, a fiação, a tecelagem e todas as tarefas do dia a dia em atos de devoção e serviço. Como ensinava São Bento, "o trabalho é oração", mas apenas quando aquele que o executa é capaz de usar a imaginação e a criatividade nesse empenho. O trabalho não pode ser devoção ou prática espiritual quando o trabalhador estiver reduzido a uma mera unidade laboral empenhada em gestos repetitivos e mecânicos para o benefício de algum mercado distante, trabalhando apenas para ganhar dinheiro e pagar as contas. A economia industrial, global, do livre mercado acabou com o trabalho significativo.

O trabalho em escala humana, descentralizado, local e baseado na vocação do trabalhador é um bem para a alma e tem mais probabilidade de ser um benefício para a sociedade e o meio ambiente. Portanto, *swadeshi* é um pré-requisito para cuidar do solo, da alma e da sociedade.

A filosofia de *sarvodaya* (o bem-estar de todos), a política de *swaraj* (autogoverno e auto-organização) e a economia de *swadeshi* (autossuficiência local) oferecem um programa completo e uma solução holística para a maioria dos problemas contemporâneos, como o crescente desemprego, o esgotamento dos recursos naturais, a ameaça de mudanças climáticas, conflitos internacionais, pobreza global, alienação, saúde deficiente e criminalidade. Esses três preceitos gandhianos apontam para a possibilidade de participação total de todos os indivíduos nas questões pertinentes às suas comunidades. Esses preceitos empoderam os indivíduos, fortalecem as comunidades, simplificam os sistemas sociais e criam políticas relevantes.

O capitalismo como antítese de *sarvodaya*, a política centralizada ao invés de *swaraj* e a economia global no lugar de *swadeshi* estão levando o mundo a um estado crítico de degradação dos recursos ambientais, desrespeito aos valores universais no meio político e total confusão de propósitos dentro das instituições, provocando assim sofrimento em todos os âmbitos da vida em sociedade.

Assim como os socialistas têm Marx como seu filósofo e os capitalistas têm Adam Smith como seu guia, Gandhi deveria ser o mentor do movimento pela sustentabilidade em prol de um futuro mais justo e pacífico. Certa vez perguntaram ao Mahatma: "Sr. Gandhi, o que o senhor pensa da civilização ocidental?". Gandhi respondeu: "Penso que seria uma ótima ideia". Ele respondeu dessa forma porque a civilização ocidental se funda na violência, na exploração da natureza e das pessoas, na competição e no controle. Uma sociedade que constrói e usa armas nucleares não pode ser chamada de civilizada. Uma civilização que cria animais industrialmente e os trata de modo cruel não pode ser chamada de civilização. Uma sociedade que devasta florestas e outras coberturas arbóreas com o intuito de produzir cada vez mais alimento, para depois desperdiçá-lo, não pode ser chamada de civilizada. Uma sociedade que tolera que um terço de sua população passe a vida faminta, sem abrigo, educação ou assistência médica não pode ser chamada de civilizada. Uma sociedade que finge que não vê o trabalho infantil e o trabalho análogo ao de escravo realizado por pessoas em países pobres não pode ser chamada de civilizada.

Por trás da fachada de democracia, direitos humanos, livre imprensa e estado de direito, as instituições ocidentais estão fundadas nos princípios do egoísmo, da ganância, do materialismo, do consumismo e do elitismo – em uma palavra: fundadas na violência. O futuro que os movimentos ambientais e pela sustentabilidade querem construir deve ser baseado no princípio da não violência em relação à natureza, a nós mesmos e a todos. E é preciso ter como meta que esta não violência seja o princípio fundante da política, da economia, da educação, dos negócios, das relações internacionais e de todas as outras atividades humanas, sem hipocrisia e sem exceção. Os países que detêm armas nucleares querem mantê-las para si próprios mas evitar sua proliferação. Preferem uma lei para si mesmos e outra para os demais, acreditando que podem agir como quiserem pela sua própria segurança, mas os outros não. O mote subliminar desses poderosos é "Façam o que eu digo, mas não o que eu faço". Isso significa: imitem nossas práticas de comércio, tecnologia e consumo para que possamos nos beneficiar de vocês e dos seus mercados. Busquem nossa proteção através de tratados militares, mas não tentem se tornar autônomos econômica ou militarmente.

Segundo Gandhi, da perspectiva de um oriental, isso não é civilização. Uma civilização deve estar edificada sobre uma base de

> " Siga a regra de ouro – não faça aos outros o que não gostaria que fizessem a você. "
> SATISH KUMAR

igualdade, respeito mútuo, bem comum e justiça; em uma palavra: não violência no pensamento, na palavra e na ação.

Não pode haver melhor princípio orientador para os movimentos verdes do que o princípio da não violência, que simplesmente prescreve que em todas as nossas atividades é preciso cuidar para que nossa ação não prejudique o solo, a natureza, a nós mesmos (do ponto de vista psicológico, emocional, espiritual ou físico) – nem a outras pessoas (econômica, política ou culturalmente). Siga a regra de ouro: não faça aos outros o que não gostaria que fizessem a você.

É preciso ir além da Revolução Francesa, que almejava Liberdade, Igualdade e Fraternidade. Devemos aspirar à trindade Solo, Alma e Sociedade dentro do escopo mais amplo da não violência, como preconizado por Mahatma Gandhi. Sem esse contexto mais amplo da não violência, e sem a trindade holística Solo, Alma e Sociedade, é impossível termos um mundo civilizado.

Se as várias instituições, organizações não governamentais, associações e indivíduos que atuam no campo do desenvolvimento e da preservação ambiental quiserem encontrar uma plataforma comum sobre a qual possam reunir suas diferentes paixões, atividades, programas e projetos, então, a não violência e a trindade Solo, Alma e Sociedade oferecem esse terreno comum. Os ideais e as práticas de Gandhi para o bem-estar de todos, através de redes dinâmicas, auto-organizadas e locais, constituem um projeto detalhado de ação e transformação.

Essa transformação, segundo Mahatma Gandhi, começa dentro de nós. Não peça a outra pessoa que mude se você mesmo não tiver se transformado.

Certa vez o renomado político, grande orador, prolífico escritor e ardente ativista Dr. Lohiya perguntou a Gandhi: "Serei franco. Você não é um grande orador, nem é carismático, mas milhares de pessoas o seguem. Quando você organiza um movimento, uma multidão acorre. As pessoas ouvem o que você diz. Mas quando grandes oradores e políticos famosos que são atraentes e encantadores iniciam um movimento, apenas uns poucos compareçem. Qual o segredo de sua magia? As pessoas falam do 'toque de Gandhi'. Qual é seu segredo?".

Gandhi ficou surpreso. Depois de alguns momentos respondeu: "Não sei. A única coisa que posso dizer é que nunca pedi a ninguém que fizesse algo que eu mesmo já não tenha feito".

"Isso faz sentido", afirmou o Dr. Lohiya. "É sua integridade, e não a argumentação, que tem tanto poder, tanto impacto."

"Dr. Lohiya, nós devemos ser a mudança que queremos ver no mundo", replicou Gandhi. Dr. Lohiya sorriu e concordou.

Há muitos relatos sobre Gandhi que confirmam sua preocupação em mudar de comportamento antes de pedir aos outros que mudassem. Certa vez uma mulher muito amiga de Gandhi veio procurá-lo. Trazia consigo seu filho e os dois se sentaram diante de Gandhi, que fiava algodão em sua roca, como fazia diariamente. A mulher olhou para Gandhi, que sorriu para ela.

"Bapu..." (Muitas vezes Gandhi era chamado por esse nome, que significa "pai".)

"Sim, minha filha, o que a traz aqui?"

"Tenho um pedido. Meu filho gosta muito de coisas doces, principalmente açúcar. Ele quer açúcar no leite, no iogurte, no arroz. Eu sempre digo a ele que açúcar demais faz mal para os dentes e para a saúde, mas ele não me escuta. Ele o respeita, acredito que se o senhor explicar, ele compreenderá."

Gandhi ficou sério e em silêncio. A mulher olhou para ele e se perguntou se talvez não devesse ter vindo perturbá-lo por algo tão trivial! Depois de algum tempo Gandhi respondeu. "Me desculpe, amiga, se importaria de voltar daqui a duas semanas? Venha com seu filho e conversarei com ele."

A mulher ficou intrigada e arrependida. Gandhi se ocupava de grandes problemas nacionais. Ela não deveria ter se aproveitado de sua amizade. Contudo, já que Gandhi pedira a ela que retornasse em duas semanas, não podia declinar o convite, e voltou.

Novamente Gandhi estava em sua cabana, fiando. Esse era o horário em que as pessoas que não tinham marcado de antemão vinham falar com ele.

Ele viu a mulher ali sentada com seu filho. Exatamente duas semanas tinham se passado. Gandhi olhou para o menino e disse: "Você vê meus dentes? Alguns já perdi, outros estão indo embora. Tenho certeza de que você não quer que seus dentes fiquem como os meus. Tente comer frutas doces, e até mesmo frutas muito doces, como tâmaras e passas, mas evite açúcar puro e bolos".

"Muito obrigada, Bapu", disse a mulher. "Mas me permite uma pergunta? Você poderia ter dado esse conselho da primeira vez que vim com meu filho. Por que nos pediu que voltasse depois?"

Gandhi respondeu: "Naquele tempo eu mesmo ainda consumia um pouco de açúcar na comida. Como poderia pedir a seu filho que deixasse o açúcar se eu mesmo ainda o usava? Nessas duas semanas que se passaram evitei comer açúcar. Agora me sinto legitimado para pedir a seu filho que também deixe esse hábito".

"Muito obrigada, Bapu, e me desculpe por incomodá-lo."

Gandhi inclinou o corpo para a frente e perguntou: "Por que você ainda tem açúcar em casa? Você come açúcar?".

"Bapu, eu não como açúcar, mas tenho açúcar em casa para visitas, especialmente para colocar no chá delas. Também tenho de fazer doces para os festivais religiosos", disse a mãe em sua própria defesa.

"Os filhos dificilmente fazem o que os pais dizem; eles fazem o que os pais fazem", explicou Gandhi. "Espero que você seja um exemplo para seu filho!"

Em outra ocasião, Gandhi falou a seu assistente pessoal, Mahadev, sobre um desejo que tinha. "Gostaria de aprender sânscrito porque tenho vontade de ler a *Bhagavad Gita* no original. Sei que você estudou sânscrito, será que poderia me ensinar?"

Ensinar sânscrito para Gandhi! Mahadev achou isso uma ousadia, mas era esperto e respondeu: "Vinoba é um verdadeiro doutor em sânscrito e um especialista na *Bhagavad Gita*. Por que não pede a ele, Bapu?".

Gandhi voltou-se para Vinoba, que estava sentado ali perto. "Você me faria a gentileza de gastar algum tempo comigo para me ensinar sânscrito através da *Bhagavad Gita*? Assim meus dois desejos serão satisfeitos de um só vez."

Vinoba ficou encantado com a oportunidade de ensinar algo a Gandhi, mas sabia como ele era ocupado e perguntou: "Como vai achar tempo para isso? Você pode abrir um horário regular na sua agenda, para que eu também reserve esse horário a fim de me dedicar a isso?".

"Sim, você tem razão. Precisamos ter aulas regulares. Que tal depois das orações da noite, antes de ir dormir?"

Vinoba concordou. Ele sabia que o Mahatma era muito pontual e fazia as orações da manhã e da noite sem falta. Por mais ocupado que estivesse, nunca deixava de fazer suas orações e fiar.

As aulas começaram no horário combinado e seguiram regular e pontualmente. Terminaram o primeiro capítulo, que foi fácil. São somente 47 versos, que preparam o cenário para o grande diálogo entre o Senhor Krishna e o guerreiro Arjuna. O segundo capítulo começou bem e foi indo sem incidentes até o verso 56, quando Arjuna pergunta a Krishna: "Você me instrui a ser sábio e firme, a ser equânime. Por favor, Krishna, qual a definição de sabedoria? Como fala, se senta e caminha um homem sábio?".

E Krishna responde: "Quando uma pessoa abre mão de todos os desejos e apegos, e quando se contenta dentro de si, quando sua felicidade não depende de mais ninguém, então tal pessoa adquiriu firme sabedoria".

Para Gandhi esse verso calou muito fundo. A aula terminou e Gandhi foi dormir se perguntando: "Como posso me livrar de todos os apegos e desejos, como posso experimentar contentamento dentro de mim mesmo? Devo fazer tudo para ser um homem de firme sabedoria".

No dia seguinte, Vinoba chegou pontualmente para a aula. "Hoje não posso ter aula", disse Gandhi. Na noite seguinte, a mesma afirmação. A mesma coisa se repetiu por cerca de um mês. E, então, certo dia Gandhi disse: "Vamos retomar nossas aulas, estou pronto".

Vinoba ficou intrigado e disse: "Precisamos ter aulas regulares, a prática constante é essencial para o aprendizado do sânscrito e da *Gita*".

"Vinoba, não parei de aprender sânscrito ou a *Gita*, nem faltei às aulas por preguiça ou outras ocupações", respondeu Gandhi. "O verso 56 do capítulo segundo nos pede que sejamos livres de apegos e desejos e que estejamos em contentamento interior. Venho tentando pôr em prática esses ensinamentos de Krishna. Durante o mês que se passou fui parcialmente bem-sucedido. Agora podemos avançar. Quero aprender a *Gita* não apenas intelectualmente, mas também viver seus ensinamentos."

Minha última história sobre os esforços de Gandhi para ser a mudança se passa na época em que foi hóspede de Jawaharlal Nehru num palácio na cidade de Allahabad. Nehru tornou-se primeiro-ministro da Índia nos anos 1940. Na época em que Gandhi liderava o Partido do Congresso na luta pela independência, Nehru era seu braço direito. Eles se encontravam com frequência. Foram presos muitas vezes; eles eram os ícones da luta.

Depois de passarem a noite conversando, Gandhi foi dormir satisfeito por ter conseguido o apoio sincero de Nehru ao princípio da não violência como instrumento para o movimento de libertação da Índia. Embora a casa de Nehru fosse aristocrática e confortável, não havia água encanada. Por isso, na manhã seguinte, o próprio Nehru trouxe uma jarra de água e uma bacia para que Gandhi se lavasse. Nehru trazia uma toalha no ombro esquerdo e com as mãos despejava água para que Gandhi enxaguasse o rosto e limpasse os dentes. Nehru sabia que Gandhi pretendia partir naquela manhã e, portanto, não havia tempo a perder. Então, enquanto despejava a água, perguntou: "Bapu, como você convencerá a maioria dos indianos a trilhar o caminho da não violência?".

"Nosso exemplo será o melhor modo de convencê-los."

"Desculpe, Bapu", Nehru disse subitamente e com ansiedade, "pode esperar um minuto enquanto vou buscar mais água?".

Gandhi pareceu perturbado. "Já usei toda aquela água?", perguntou. "Eu deveria ter me concentrado no que estava fazendo e não falado sobre essas ideias grandiosas. Devo terminar de me lavar com uma jarra de água apenas."

Nehru ficou atônito. Não compreendia onde Gandhi queria chegar. "Bapu, não se preocupe, sei que você vem do Gujarat, uma região seca e desértica, onde a água é escassa. Mas aqui não há falta de água. Dois grandes rios se encontram na cidade de Allahabad, e temos ainda um terceiro, um rio mítico, que mantém a linha d'água bem alta nos poços, então permita que eu traga outra jarra de água. Leva apenas um minuto!"

"Nehruji, você pode ter três rios correndo pela sua cidade, mas isso não me dá o direito de desperdiçar água. Minha quota é somente uma jarra por dia."

Nehru viu que Gandhi tinha lágrimas nos olhos, e ficou surpreso, mas logo percebeu que o Mahatma era um homem que realmente conhecia o autocontrole. Gandhi permitiu que Nehru trouxesse mais meia jarra de água, excepcionalmente, para terminar de se lavar. "Sei que você vai pensar que estou sendo tolo, mas acredito que o mundo tem o suficiente para satisfazer a necessidade de todos, mas não para satisfazer a ganância, muito menos o desperdício de uma pessoa. A água é especialmente preciosa, a água é a própria vida. Sua abundância não é licença para desperdiçar. Estávamos falando sobre não violência. Para mim o desperdício é violência."

Essas histórias nos dão prova abundante de que, para Gandhi, a não violência era um modo de vida e não meramente uma tática na luta pela independência.

OS SETE ERROS DA HUMANIDADE

Riqueza sem trabalho
Prazer sem responsabilidade
Conhecimento sem valores
Negócios sem ética
Ciência sem humanidade
Espiritualidade sem altruísmo
Política sem princípios
MAHATMA GANDHI

4
VERDADES EM TAGORE

" Como Tagore não buscava o céu, ele também descartava a ideia de buscar a Deus separado da Terra. Para ele, divindade, libertação e salvação deveriam ser encontradas no mundo, no aqui e agora. "

VERDADES EM TAGORE

Rabindranath Tagore foi contemporâneo de Gandhi. Se Gandhi fez poesia através da política, Tagore fez política através da poesia.

Fui apresentado aos escritos de Tagore quando vivia numa comunidade gandhiana em Varanasi (Benares). Lá, meu quarto ficava em frente ao de meu colega e amigo bengali Shishir, que era fã, seguidor e devoto da poesia e da música de Tagore.

Shishir sempre citava Tagore, traduzindo-o para mim em hindi e tocando sua música no toca-discos. Aquilo capturava minha imaginação, então fui a uma livraria e comprei três livros: um de poesia, *Gitanjali* (Oferenda lírica), pelo qual Tagore ganhou o Prêmio Nobel; um romance, *Gora* (O menino da pele clara), e uma peça de teatro, *Dakghar* (O correio), traduzidos em hindi.

Até aquele momento, eu havia apenas ouvido falar de Tagore e escutado um poema aqui e uma canção acolá, embora já conhecesse a canção *Okla Cholo Re* ("Ande só, mesmo que ninguém o siga ou escute, não desista, continue andando, continue se movendo, continue fluindo"). Nós a cantávamos todas as manhãs e noites em nossos momentos de oração, pois ela ecoava os sentimentos de Gandhi, que muitas vezes dizia que, mesmo que você seja uma minoria de um, a verdade é a verdade e você deve ser fiel a suas convicções. É claro que todo mundo na Índia, incluindo eu mesmo, conhecia nosso hino nacional de cor – uma canção composta por Tagore em louvor às paisagens diversas e encantadoras do subcontinente indiano.

Portanto, eu sabia da estatura e da importância de Tagore, mas apenas superficialmente, pois ele escrevia em bengali, uma língua que eu não conhecia; consequentemente, eu não tinha acesso fácil a ele no original. Assim sendo, foi graças a Shishir que fui levado a prestar a devida atenção em Tagore.

Uma vez tendo feito isso, descobri que Tagore era um poeta do espírito tanto quanto um poeta fascinado pelo mistério e beleza da natureza, na mesma tradição de poetas místicos como Rumi e Kabir. Todavia, ele não se concentrava apenas na divindade das flores, rios e estações. Ele era tanto um poeta da natureza quanto um poeta ativista.

Eu o via como um ativista da Terra, um ativista espiritual e social. Sua poesia e suas peças, suas canções e histórias, suas palestras e ensinamentos, sua imaginação e criatividade, todos estavam fundamentados em uma visão de serviço à Terra, elevação do espírito e transformação da sociedade. Tagore celebrava a beleza, a integridade e a generosidade da vida na Terra, manifestadas em uma miríade de formas.

A canção em louvor a sua terra natal, Bengala, tornou-se depois o hino nacional de Bangladesh.

> 66 Eu me tornei minha própria versão de um otimista. Se não consigo entrar por uma porta, entro pela outra – ou faço uma porta. Algo fantástico vai acontecer, não importa quão escuro esteja o presente. 99
>
> TAGORE

O amor incondicional e ilimitado pela terra permeia seu trabalho, mas aparece mais claramente em um de seus poemas mais longos, "Terra". Pode-se dizer que esse poema antecipou o movimento moderno da ecologia profunda e da sustentabilidade.

Em "Terra", Tagore usa o poder da linguagem e da imaginação em sua máxima capacidade. Canta com deleite o mistério e a magia das montanhas, campos, fazendas, florestas, desertos, oceanos, rios, animais, estações e espíritos.

Naquela época, quando o mundo sofria do hábito de valorizar a Terra apenas pelo que esta tem de útil à humanidade, Tagore manteve o valor intrínseco da Terra em si. É a vida humana que depende totalmente dos dons da Terra, não o contrário. Portanto, ele urgia as pessoas a se libertarem da arrogância e viver com humildade em harmonia com a Terra. Tagore se rendeu completamente à Mãe Terra e se considerava uma criança de colo que nela buscava refúgio:

Mãe, abraça-me, por favor
dentro do mais firme abraço de teus braços
Faz-me todo teu, alguém que pertence a teus seios:
aquela fonte secreta de onde a fonte se ergue –
da tua vasta vitalidade e variadas delícias –
sim, deixa-me aí. Não me deixes distante de ti.

Onde é "aí"? "Aí" não significa outro mundo ou o céu. Quando Tagore se imagina no céu, ele chega à conclusão de que sua amada Terra é um lugar melhor para se estar:

> *E deuses, deusas, hoje devo*
> *dar adeus ao céu. Alegremente passei*
> *muitos milênios no reino dos deuses*
> *como um dos imortais, e esperei ver,*
> *nesta hora da partida, um sinal de lágrimas*
> *nos olhos do céu. Mas sem coração, vazio de luto,*
> *indiferente, esta feliz terra celestial*
> *apenas observa.*
> *Fica rindo, ó céu! Deuses, continuai bebendo vosso néctar.*
> *O céu é verdadeiramente vosso lugar de felicidade,*
> *onde somos estrangeiros. A Terra, ela não é o céu*
> *mas uma terra-mãe, e é por isso que seus olhos*
> *enchem-se de lágrimas se depois de poucos dias*
> *qualquer um a deixa, mesmo por poucas horas.*
> *Os humildes, os mansos, os mais incompetentes,*
> *pecadores e doentes – todos eles ela abraçaria forte*
> *num ávido abraço, apertados em seu suave seio,*
> *tal o prazer que uma mãe tem no toque*
> *dos corpos empoeirados de seus filhos. Então que flua*
> *o néctar no céu, e que na terra o amor,*
> *para sempre misturado às dores e prazeres, flua,*
> *deixando os cantos de céu na terra sempre verdes de lágrimas.*

Como Tagore não buscava o céu, também rejeitava a ideia de buscar Deus separado da Terra. Para ele divindade, libertação e salvação deviam ser encontradas no mundo, no aqui e agora. Deus e a espiritualidade encontram-se na vida quotidiana. Não há necessidade de renunciar ao mundo para encontrar Deus. Não é ao renunciar o mundo, mas ao abraçá-lo que podemos encontrar Deus em nosso interior, entre nós e em tudo ao nosso redor. Isso fica claro em seu poema "Renúncia":

Nas profundezas da noite, disse um homem cansado do mundo:
"Deixarei minha casa hoje à noite por amor ao Deus que adoro.
Quem me prende a esta casa?"
"Eu", disse Deus, mas isso não entrou em seus ouvidos.
Apertando seu bebê ao peito,
sua mulher dormia feliz em um lado do leito.
"Quem são vocês, máscaras de maya?", perguntou ele.
"Eles são eu", disse Deus, mas ninguém ouviu.
"Senhor, onde estás?", disse o homem, levantando-se da cama.
"Bem aqui", foi a resposta, mas o homem ainda estava surdo.
O bebê chorou dormindo e se agarrou à mãe.
"Volte", disse Deus, mas o homem não ouviu sua ordem.
Finalmente, então, Deus suspirou. "Ai de mim", disse Ele,
"aonde vai o meu devoto, que está me deixando?"

Para Tagore a divindade não se encontra na busca pelo sobrenatural, nem em templos e palácios ricamente decorados e exóticos, nem em conquistas movidas pelo ego, como a riqueza, o poder, o consumismo e o materialismo, mas num modo de ser simples, elegante e natural. O comum é o mais extraordinário e os mansos são os seres mais maravilhosos. Quando perdemos de vista o simples e o comum, aí é que damos valor a eles. Diz Tagore:

Com um cajado debaixo do braço e um pacote na cabeça,
um camponês volta para casa às margens do rio.
Se após cem séculos, de alguma forma –
por mágica – ele pudesse ressuscitar
do reino passado dos mortos, fazer-se carne novamente,
com seu cajado sob o braço e surpresa em seus olhos,
multidões o cercariam de todos os lados,
todos sorvendo cada palavra de seus lábios.

Suas alegrias e tristezas, apegos e amores,
sua gente, sua família,
seus campos, gado, métodos de cuidar deles: tudo
eles lhe tomariam com ganância e não seria suficiente.
Sua história de vida, hoje tão comezinha,
parecerá, naqueles dias, carregada de poesia.

É claro, não importa o que aconteça no futuro, os sistemas sociais do presente são exploradores e discriminatórios, perpetuando a pobreza e a privação. Observando a crise humana, Tagore acabou indo além do ativismo da Terra e se tornou ativista social. Em seu livro de poemas *Gitanjali*, foi inequívoco ao erguer sua voz poderosa:

Meu desafortunado país, aqueles que afrontaste –
com eles deves igualar-te ao compartilhar da mesma afronta.
Àqueles a quem negaste direitos humanos,
a quem é permitido estar em tua presença, mas nunca são convidados a entrar –
com todos eles deves igualar-te ao compartilhar da mesma afronta.

Cem séculos fizeram chover indignidades sobre tua cabeça,
e ainda assim te recusas a reconhecer a divindade inata do homem.
Mas não consegues ver, quando baixas teus olhos,
que o Deus dos espezinhados, dos marginalizados lá está no pó com eles?
Tu deves igualar-te lá com todos os outros ao compartilhar da mesma afronta.

Tagore foi um poeta do povo, e os pobres, em particular, estavam sempre em seu coração. Quando administrava a propriedade de sua família, viu face a face a tribulação dos camponeses e trabalhadores destituídos. Seus ideais de justiça e igualdade o impeliram a estabelecer um banco rural que concedia microcrédito a seus trabalhadores rurais.

Ser poeta e proprietário de terras era uma combinação estranha, mas o pai de Tagore confiava em seu filho poeta e o considerava um administrador de terras mais indicado que qualquer outro membro da família. Tagore levou a sério essa responsabilidade e aproveitou para melhorar as condições dos trabalhadores da terra e da agricultura. Ele próprio trabalhava na terra para demonstrar respeito aos agricultores. Levou seu filho a estudar agricultura e criou uma famosa parceria com o agrônomo inglês Leonard Elmhirst. Juntos, estabeleceram o Instituto para a Reconstrução Rural e o chamaram de Sriniketan, a Casa da Graça. Tagore acreditava que trabalhar na terra dignifica, satisfaz e confere significado à vida.

O relacionamento de 20 anos entre o poeta e o agrônomo foi uma colaboração rara e profunda. A troca regular de cartas entre os dois, que ultrapassa o número de cem, pinta um quadro vívido do ativismo social e do compromisso de Tagore com a edificação dos pobres. Nas cartas é possível ler a agonia que sentia pelas tribulações da sociedade rural. Como Mahatma Gandhi, ele acreditava que a Índia precisava de algo mais do que pôr fim ao domínio do Império Britânico: precisava acabar com a discriminação por casta e com a injustiça social; mais ainda, precisava de uma revolução agrária.

"Platão não tem lugar para poetas em sua república", escreveu Tagore em uma carta a Elmhirst datada de 31 de março de 1922, "mas eu gostaria de me oferecer para ser o poeta laureado do vilarejo-Índia". E continuava: "A cultura da imaginação não é, de maneira alguma, supérflua para o propósito da agricultura". Ele desejava aquele toque íntimo com aquilo que chamava de "mãe pó". Não apenas estabeleceu uma conexão entre imaginação e agricultura, mas também ligou a paz à agricultura. Na mesma carta, ele escreveu: "A verdadeira paz vem de uma riqueza que é viva, que tem as bênçãos do toque direto da natureza, que não é feita pela máquina. Que nós a busquemos humildemente, descendo até o solo, trabalhando com as forças da vida, que são belas e abundantes".

Tagore criticava a gente da cidade que desprezava a população rural. Em 10 de dezembro de 1923, escreveu a Elmhirst, chamando-o de "o renomado defensor dos vilarejos" e acrescentando: "quando a cidade, orgulhosa de sua bolsa recheada, vem aos vilarejos para deles extorquir sacrifício, será que estes, por sua vez, devem se prostrar humildemente diante do portão de seu rico torturador por um mísero naco de seu favor? Devemos ser capazes de responder ao mundo com um sonoro 'não', e voltar depressa ao seio de *bhoomi lakshmi*". *Bhoomi lakshmi* é a próspera deusa da Terra, e o uso dessa expressão por Tagore demonstra sua profunda reverência pela terra. Seu compromisso com a vida rural não era meramente por causa do desenvolvimento material, mas pelo desenvolvimento do espírito, da imaginação, de relacionamentos humanos sadios e da coesão de comunidades humanas.

Em 26 de junho de 1924, Tagore escreveu a Elmhirst: "Sriniketan não deve ser apenas uma forma, mas também uma luz, para que transcenda seus limites mais imediatos de tempo, espaço e propósito especial". O desenvolvimento econômico deveria "iluminar o caminho da peregrinação, e não simplesmente encher o depósito de benefícios", além do que "uma lamparina iluminada é que deve ser o nosso objetivo final, não uma barra de ouro. [...] Devemos evitar fazer um tipo de bem em particular, aquele que segue uma receita elaborada por homens inteligentes e estudados, com conhecimento técnico e experiência especializada. Empenhemos todo o poder da nossa imaginação e criemos um novo mundo".

> " Dormi e sonhei que a vida era alegria. Acordei e vi que a vida era serviço. Agi e, pasmem, o serviço era alegria. "
> TAGORE

Os ideais de desenvolvimento rural de Tagore iam além da tecnologia e da ciência e, mais particularmente, além de uma cópia dos modelos ocidentais de crescimento econômico. Em 21 de outubro de 1926, ele escreveu a Elmhirst: "A Europa conquistou o mundo e agora chegou o tempo de conquistar a si mesma". O que ele queria dizer era que a Europa devia não somente buscar eficiência, mas também procurar trabalhar com a força viva da natureza; portanto, Sriniketan deveria ser "um centro de vida, não simplesmente uma escola ou faculdade".

A ciência era muito cara ao coração de Tagore. Ele escreveu um livro chamado *Our Universe* [Nosso universo], em que apresentou sua visão científica do mundo. Teve contato com cientistas como Werner Heisenberg e Albert Einstein; porém lembrou a Elmhirst que "a Europa enxerga a ciência não como complementar à religião, mas como sua substituta. A ciência é maravilhosa, mas se nos traz apenas conhecimento, poder e eficiência sem um ideal de unidade, sem uma aspiração à perfeição, ela é não humana, impessoal e, portanto, semelhante às coisas inorgânicas: úteis de várias maneiras, mas inúteis como alimento para nossa vida. Se lhe permitimos continuar estendendo seu total domínio ao mundo humano, então a carne vivente do homem murchará e seu esqueleto reinará supremo em meio à sua riqueza morta". Fica claro que, na visão de Tagore, a ciência sem espiritualidade ou sem humanidade é perigosa!

Tagore foi um poeta público: suas canções são cantadas pelo povo de Bengala, independentemente de sua casta, religião ou origem. Suas canções são para a Terra, para o espírito e para a humanidade, mas frequentemente são também, implícita ou explicitamente, canções de crianças e para crianças. Ele usava o poder da poesia para mudar o mundo. Uma de suas maiores conquistas foi estabelecer o que ele chamava de Escola de Poetas de Shantiniketan, a Casa da Paz. "A fundação da minha escola tem sua origem no desejo de liberdade", escreveu. "Mas o que é a liberdade?" Em suas próprias palavras, "a perfeita liberdade encontra-se na perfeita harmonia de relacionamentos que realizamos neste mundo, não através de nossa resposta a ele no *saber*, mas no *ser*". Esse ser pode ser experimentado e realizado apenas quando estamos inseridos na natureza. Ele escreveu: "As crianças encontram sua liberdade na natureza ao serem capazes de amá-la, pois o amor é liberdade: ele nos dá aquela plenitude da existência que nos salva de pagarmos com nossa alma por objetos que são absolutamente baratos. O amor ilumina este mundo com seu significado e faz a vida sentir que em qualquer lugar ela tem aquele suficiente que de fato é seu banquete".

O objetivo da escola não era simplesmente a busca do conhecimento, mas a busca da sabedoria que surge quando as crianças experimentam a natureza. Por isso é que Tagore insistia em dar aulas sob árvores. Há relatos de que ele dizia a seus alunos que eles tinham dois professores: "Sou seu professor humano, mas estas árvores são suas professoras também; aprendam a lição de *ser* destas árvores". Em seu ensaio "Uma Escola de Poetas", ele escreveu: "Alguns coqueiros, que crescem junto ao muro da nossa casa, me falam do companheirismo eterno que a grande irmandade das árvores ofereceu ao homem. Elas inundam meu coração de saudade com o convite da floresta". Tagore ainda escreveu: "Busquem a liberdade não no mundo feito pelas mãos do homem, mas nas profundezas do universo, e reverenciem a divindade inerente do fogo, da água e das árvores, de tudo o que se move e cresce. A fundação da minha escola tem sua origem na lembrança daquele anseio de liberdade".

Essa reverência pela divindade do universo e pela "irmandade das árvores" era tão cara a Tagore que ele abominava a ideia científica moderna de uma natureza sedenta de sangue. Dizia ele: "Tantas vezes encontramos na literatura ocidental uma ênfase constante no aspecto maligno da natureza, com o qual os ocidentais parecem se deliciar, por descobrir um inimigo apenas pelo prazer de desafiá-lo a lutar".

A escola de Tagore oferecia aos estudantes um sem-número de possibilidades de obter conhecimento, mas ele acreditava que "o amor e a ação são os únicos meios pelos quais o conhecimento perfeito pode ser obtido, pois o objeto do conhecimento não é o pedantismo, mas a sabedoria".

Tagore não tinha interesse em que seus alunos estudassem apenas para passar em provas ou ganhar conhecimento acadêmico. Shantiniketan era um experimento de uma abordagem holística do conhecimento. "Fiz o meu melhor para desenvolver nas crianças da minha escola o frescor de seus sentimentos pela natureza, uma sensibilidade da alma em sua relação com o espaço humano que as cerca, com a ajuda da literatura, de cerimônias festivas e também dos ensinamentos religiosos que nos conclamam a aproximar-nos do mundo através da alma, para assim ganhar mais do que pode ser medido – como ganhar um instrumento: não apenas tê-lo, mas produzir música com ele. Preparei para minhas crianças um verdadeiro regresso a esse mundo. Dentre muitas matérias aprendidas ao ar livre, na sombra das árvores, eles faziam música e pintura; faziam apresentações dramáticas, atividades que eram expressões da vida."

> Quem deseja fazer o bem bate à porta; quem ama encontra a porta aberta.
>
> TAGORE

Tagore buscava uma educação que levasse em conta a "integridade orgânica da individualidade humana". Ele explica: "... a educação é uma parte permanente da aventura da vida. Não é como um tratamento hospitalar doloroso para curá-los da doença congênita da ignorância, mas uma função da saúde, a expressão natural da vitalidade de sua mente".

A escola praticava a colaboração com a natureza e desenvolvia a sensibilidade da alma através de trabalho construtivo. Tagore escreveu que os alunos de sua escola "se deliciam sobremaneira ao cozinhar, tecer, jardinar, melhorar seu ambiente, prestar serviços aos outros meninos (muitas vezes em segredo, caso contrário se envergonham)".

O ativismo educacional de Tagore e o exemplo de sua escola em Shantiniketan inspiraram Leonard Elmhirst a fundar a escola Dartington Hall, na Inglaterra, nos anos 1930. Nos anos 1980, também eu fui inspirado a fundar a Small School em Hartland, Devon, onde as dimensões acadêmica, física, ecológica e espiritual são honradas em igual medida. Se as crianças puderem ter um gosto da liberdade espiritual e física ainda muito jovens, poderão construir um mundo de liberdade para si e para outros em sua vida futura. O ativismo ecológico, social e educacional de Tagore é um farol que ilumina nosso caminho de peregrinação.

Tagore acreditava no poder transformador da poesia e das artes. Ele foi além da arte pela arte, ou da arte como expressão do eu, e até mesmo além da arte como entretenimento. Incentivava a ideia da arte para o despertar do eu e para a transformação da consciência, para a iluminação da alma e, mais do que tudo, para mudar o mundo. Esse pensamento inspirou minha abordagem editorial da revista *Resurgence*, que agora se fundiu à *Ecologist*. Seguindo as pegadas de Tagore, combinei a poesia com a política, a ecologia com a economia, e inundo a revista de arte, por meio de belas imagens para ilustrar artigos sobre energia renovável, agricultura, permacultura, ciência, justiça social, filosofia e religião – em outras palavras, Solo, Alma e Sociedade.

O JARDINEIRO

Por que a lâmpada se apagou?
Eu a cobri com meu casaco para protegê-la
do vento, por isso ela se apagou.
Por que a flor murchou?
Eu a apertei contra o peito
com ansioso amor, por isso ela murchou.
Por que o riacho secou?
Eu o cerquei com uma barragem
para meu uso próprio, por isso ele secou.
Por que a corda da harpa se rompeu?
Tentei forçar uma nota que
ia além de seu alcance, por isso ela se rompeu.

RABINDRANATH TAGORE

E a ALEGRIA está em toda parte; está na terra coberta de grama verde; na serenidade azul do céu; na exuberância impulsiva da primavera... em viver; no exercício de todos os nossos poderes; na aquisição do conhecimento; em combater os males; em morrer por ganhos que nunca poderemos compartilhar; a alegria está em todo lugar... a alegria é a realização da verdade da indivisibilidade – de nossa alma com o mundo, e do mundo – da alma com o Supremo Amante.

RABINDRANATH TAGORE

CAMINHA SÓ, CAMINHA SÓ

Se ninguém responde ao teu chamado, então caminha só
Caminha só, caminha só, caminha só
Se ninguém responde ao teu chamado, então caminha só
Se ninguém fala, mesmo em tua infelicidade
se ninguém fala,
Se todos desviam o olhar,
se todos temem
Se todos desviam o olhar,
se todos temem
então abre teu coração,
encontra palavras para teus pensamentos
e fala só
encontra palavras para teus pensamentos
e fala só
Se ninguém responde ao teu chamado, então caminha só
Se alguém, quando o caminho é árduo,
perde a vontade de ir em frente
Se alguém, quando o caminho é árduo,
perde a vontade de ir em frente
Então sangra teus pés nos espinhos
e vagueia só
Então sangra teus pés nos espinhos
e vagueia só
Se ninguém responde ao teu chamado, então caminha só
Se não te oferecem luz, mesmo em tua infelicidade
Se não te oferecem luz
Se na chuva e na tempestade e em noites escuras
te fecham as portas

Se na chuva e na tempestade e em noites escuras
te fecham as portas
então com um raio
acende um fogo em tuas costelas
e queima só
acende um fogo em tuas costelas
e queima só
Se ninguém responde ao teu chamado, então caminha só
Caminha só, caminha só, caminha só
Se ninguém responde ao teu chamado, então caminha só

RABINDRANATH TAGORE

5
CABEÇA, CORAÇÃO E MÃOS

"Um silvicultor não precisa colocar uma árvore dentro da semente; seu trabalho é nutrir a semente e ajudar a árvore a sair dela."

CABEÇA, CORAÇÃO E MÃOS

Uma das grandes inspirações que recebi de Tagore foi sua visão holística da educação que abraça valores universais. Falei sobre isso no capítulo anterior. Neste capítulo, pretendo explorá-la e explicá-la mais a fundo.

Alguns anos atrás, tive a honra de ser convidado para falar na London School of Economics (Escola de Economia de Londres). Fui recebido por um professor. Durante nossa conversa, perguntei-lhe: "Vocês têm um departamento de Ecologia?".

"Temos alguns estudos ambientais, particularmente nas áreas de negócios e sustentabilidade, mas não temos propriamente um departamento de Ecologia", respondeu o professor.

"Certamente vocês sabem que **economia** significa 'administração da casa' e **ecologia** significa 'conhecimento sobre a casa'. Como é que alguém consegue administrar algo que não conhece?", perguntei. Depois acrescentei, gracejando: "A London School of Economics está formando dezenas de milhares de alunos pelo mundo para administrar algo que não conhecem! Não é de estranhar que a economia mundial esteja uma bagunça!".

"Mas nossa universidade foi criada para o estudo de economia e ciência política. A Ecologia é uma disciplina bastante nova que se relaciona ao estudo de espécies não humanas, enquanto nossa universidade se especializa em instituições humanas", explicou o professor.

"Nesse caso, talvez vocês devessem pensar em mudar o nome da universidade. Talvez possam chamá-la de 'London School of Ecology and Economics'."

O professor se divertiu. Nosso tempo acabou. Alunos e professores haviam se reunido na sala Hong Kong para me ouvir. Decidi explicar ao meu público que o nome da London School of Economics devia ser mudado para London School of Ecology and Economics porque, em minha visão, a economia é completamente dependente da ecologia.

A palavra grega οἶκος significa "casa, lar". De acordo com a sabedoria dos filósofos gregos, a casa é onde você vive e mantém seus relacionamentos. Em casa nos relacionamos com nossos pais, cônjuge, filhos, etc., mas nossa casa e nossos relacionamentos não se restringem ao lugar onde dormimos, comemos e cuidamos de nossa família. Segundo a filosofia grega, a ideia de casa ou lar é mais ampla. Nossa vizinhança também é nossa casa. Assim como nossa cidade, nação, continente e todo o planeta. Todas as espécies deste planeta se inter-relacionam. Somos feitos uns dos outros e evoluímos juntos. O conhecimento desse tipo de relacionamento, de que somos todos interconectados e interdependentes, é a ecologia.

Infelizmente, a maioria das universidades reduziu o significado do termo **ecologia** ao estudo de uma espécie em particular. Mas o estudo de uma única espécie é somente uma janela para todo o planeta Terra e para a compreensão de nossa total interdependência.

A economia também foi reduzida ao estudo das finanças, transações de negócios, comércio, manufatura e padrões de consumo. Nos estudos tradicionais clássicos, os alunos aprendiam três princípios fundamentais da economia: Terra, Trabalho e Capital.

A terra vinha em primeiro lugar, como parte primordial da economia. A terra representava todo o sistema e os recursos naturais. Florestas, rios, pedras, minerais e animais eram parte da administração da terra e de nossa relação com ela. Os alunos eram instruídos a usar recursos naturais economicamente e a cuidar da terra e de tudo que nos foi dado por ela. Mas na economia moderna, a terra se tornou uma mera *commodity*, um simples meio de gerar lucro. O objetivo primordial da agricultura não é mais produzir alimento para alimentar as pessoas: a agricultura se tornou agronegócio. Temos fazendas industriais; temos monocultura e sementes geneticamente modificadas. Os preços dos alimentos são controlados pelas forças do mercado. Queimamos colheitas para manter seu valor de mercado. Isso não é nem agricultura nem cuidado com a terra.

O segundo princípio da economia clássica é o Trabalho, que estava relacionado às pessoas. Os alunos eram ensinados a apreciar a importância das habilidades humanas, da criatividade, da imaginação e da participação humanas numa economia sadia. Os jovens aprendiam a fazer artesanato e passavam pela experiência profunda de trabalhar como aprendizes. Os trabalhadores orgulhosamente se consideravam membros da classe operária e boas lojas, como a Cadbury's e a Rowntree's, asseguravam a seus funcionários, operários e equipes uma boa moradia, boa assistência em saúde e boas escolas para seus filhos. Mas os trabalhadores dos tempos modernos se tornaram tão somente instrumentos de geração de lucro para os negócios e, quando deixam de ser úteis a esse propósito, tornam-se desnecessários e são demitidos.

Obviamente, o terceiro princípio da economia, o Capital, é importante, mas é o terceiro na escala. Ou seja, há espaço para o capital, mas ele deve ser mantido em seu lugar e não se deve permitir que domine a totalidade do sistema econômico.

Na maior parte das universidades do mundo, as escolas de administração e negócios predominam. O estudo da terra, da natureza e do meio ambiente tem pouca importância e recebe muito menos subsídios, sendo considerado uma matéria um tanto quanto idealista e fora da realidade.

Na verdade, porém, a economia é uma subsidiária integral da ecologia. O motivo pelo qual temos uma crise econômica é que estamos em crise ecológica. Temos consumido em excesso nossos recursos naturais. Estamos enchendo a atmosfera com dióxido de carbono e outros gases de efeito estufa em quantidade tal que a estabilidade do clima está seriamente ameaçada. Nossos oceanos sofrem com excesso de pesca e montes de plástico. Nossa civilização está baseada em três palavras: desperdício, desperdício e desperdício. A dívida financeira, o desemprego e a pobreza estão todos ligados à má gestão do meio ambiente. Se voltarmos a um estado de harmonia entre ecologia e economia, e acrescentarmos ética e equidade a essa combinação, teremos mais chance de criar um futuro estável, firme e sustentável para a humanidade e para o planeta Terra.

Ao mudar o nome da London School of Economics para London School of Ecology and Economics, a universidade daria uma demonstração de estar trabalhando segundo uma visão de mundo mais ampla que a atual, tão tacanha, de gestão de dinheiro e administração de negócios.

A maioria das universidades parece ter um único objetivo: que seus alunos passem em provas para conseguir bons empregos. A educação não mais trabalha com a vida, com habilidades práticas, com o desenvolvimento da imaginação e da criatividade; tudo gira em torno de ganhar dinheiro. Reduzimos o propósito da educação a um nível incrivelmente baixo.

O significado da palavra **educação** é trazer para fora o que já existe, o potencial de cada aluno. Cada alma tem sua própria inteligência inata. O conhecimento e a sabedoria são intrínsecos à alma. Cada semente, por exemplo, contém sua própria árvore potencial. Um silvicultor não precisa colocar uma árvore dentro da semente; seu trabalho é nutrir a semente e ajudar a árvore a sair dela. Da mesma forma, o trabalho de um professor não é considerar o aluno um recipiente vazio que precisa ser preenchido com informações. Um professor precisa observar o aluno, identificar seu potencial e ajudá-lo de tal modo que seu potencial dormente possa emergir.

O estudo da ecologia ou da natureza não pode ocorrer por meio da leitura de livros, assistindo-se a filmes ou navegando na internet. Para entender a natureza, temos de experimentá-la, temos de estar na natureza e aprender *dela* em vez de aprender *sobre* ela. Quando aprendemos sobre a natureza, ela vira um objeto de estudo. A maior parte das pesquisas científicas foi feita para aprendermos acerca da natureza com o objetivo de explorá-la. O cientista Francis Bacon a estudava para roubar seus segredos, de forma que os seres humanos pudessem controlá-la e usá-la em seu próprio favor. No entanto, quando nos esforçamos por aprender da natureza, desenvolvemos um sentido de reverência por ela. É então que a natureza deixa de ser um objeto.

A maneira de desenvolver tal relacionamento com a natureza é ir para os ambientes selvagens, para a sala de aula ao ar livre, e abrir nossos corações e mentes ao mistério, à magia e à majestade do mundo natural. O atual sistema de ensino é projetado para acontecer na maior parte do tempo entre quatro paredes, em edifícios modernos nos quais as salas de aula recebem iluminação artificial e são climatizadas artificialmente por ar-condicionado. Gostaria de sugerir que as universidades e escolas fossem construídas em campos abertos e florestas, em vez de ruas congestionadas de metrópoles urbanas. Universidades e escolas deviam ser rodeadas de árvores, lagos e animais. Os alunos deviam ter a oportunidade de perambular, pensar, aproveitar e celebrar a natureza. Todos os alunos e professores deviam ter a oportunidade, caso desejassem, de plantar alimentos e flores, administrar pomares e florestas, além de se dedicar aos estudos acadêmicos e teóricos. Essa é a maneira de se curar de transtorno de *deficit* de natureza.

Há um movimento crescente em favor do aprendizado através da paisagem em "escolas-floresta", onde as crianças têm tempo e possibilidade de estar em meio à natureza e brincar na mata. Mas esse movimento está bastante circunscrito a crianças de menos de 11 anos de idade. Eventual e excepcionalmente, algumas escolas para alunos mais velhos têm breves períodos de atividades ao ar livre. Nossas crianças conhecem marcas e logotipos de empresas multinacionais, mas cada vez menos crianças sabem distinguir um ipê de uma quaresmeira, o trigo da cevada, ou as orquídeas das bromélias.

O lema de nosso sistema educacional tem sido ensinar leitura, escrita e aritmética. Se você não sabe ler a etiqueta na embalagem de um alimento, é

> Vá para a natureza... e abra o coração e a mente ao mistério, à magia e à majestade do mundo natural.
> Satish Kumar

considerado analfabeto; mas se você não sabe nada sobre pássaros, árvores, flores e biodiversidade, isso é considerado aceitável. Você pode ter bacharelado, mestrado ou doutorado mesmo sendo ecologicamente analfabeto, e tudo bem. Porém as comunidades de indígenas, camponeses, agricultores, bosquímanos e nômades – que têm conhecimento profundo sobre a medicina da floresta, o comportamento animal e a mudança das estações – são consideradas selvagens e iletradas porque não sabem ler e escrever. Essa noção de educação deve ser desafiada. É por isso que fundamos a Small School em Hartland, Devon, na Inglaterra.

Quando a escola começou, eu disse às crianças: "Antes que eu lhes ensine sobre Darwin e Shakespeare, quero que aprendam a fazer pão e a plantar repolho e pepino. Tenho um respeito profundo pela ciência e pela poesia, mas elas não podem substituir o conhecimento sobre como viver. Todos nós queremos comer, mas cada vez menos gente quer plantar ou fazer comida. Todos desejamos viver numa boa casa, mas cada vez menos gente quer saber como construir uma casa. Todos nós queremos ganhar dinheiro, mas cada vez menos pessoas sabem respeitar e honrar os outros. A educação perdeu o senso de integridade, mas deve trabalhar com a cabeça, o coração e as mãos, desenvolvendo o poder de pensar, sentir e fazer. Não há nada errado com leitura, escrita e aritmética, mas isso não é tudo.

Educação é descobrir quem você é e tornar-se a pessoa que você verdadeiramente é".

> Educação é descobrir quem você é e tornar-se a pessoa que você verdadeiramente é.
> SATISH KUMAR

O sistema escolar moderno é todo cabeça, muito pouco coração e nada de mãos. Os políticos falam de preparar as crianças para ter conhecimento de economia e dar-lhes noções de tecnologia da informação. Parecem acreditar que a educação deve ser de cérebro para cérebro, transmitida por professores cerebrais. O objetivo das escolas é preparar as crianças para competir num mundo de transações bancárias, administração e gestão. Estudantes saem de escolas e universidades sem saber nada sobre fazer, plantar, cozinhar, construir ou manufaturar. Tais atividades manuais devem ser desempenhadas por camponeses iletrados e trabalhadores de alguma terra distante, como China, Vietnã, Indonésia, Marrocos ou outro lugar longínquo. Essa é a receita para um futuro desastroso.

Em virtude do nosso passado colonial e de inteligência para gerir dinheiro, podemos ter um alto padrão de vida no curto prazo, mas em longo prazo uma sociedade estável, com pessoas felizes e economia próspera vai exigir mais do que conhecimento e informação. Vai precisar de habilidades, capacidade de construção e uma mentalidade que dê dignidade a artesãos, agricultores, criadores, construtores e trabalhadores. Nossa civilização moderna, porém, transformou as pessoas em meros compradores e consumidores.

Numa escola ou universidade equilibrada, deveria haver cozinhas devidamente equipadas, onde estudantes e professores pudessem preparar as refeições juntos. Uma alimentação saudável, saborosa e nutritiva é pré-requisito para uma boa comunidade. Toda escola e universidade deveria ser uma comunidade de alunos e professores, não uma fábrica de conhecimentos. Para libertar os locais de aprendizado da institucionalização, deveríamos transformá-los em comunidades de aprendizes.

A maioria das refeições escolares é produzida em larga escala e já chega pronta às escolas. Frequentemente essas refeições insossas não são consumidas pelos alunos; portanto, uma alta porcentagem da comida é descartada. E essa comida jogada fora nem ao menos é transformada em compostagem para os jardins das escolas: esse desperdício de comida acaba indo para lixões e produzindo gases de efeito estufa. Um grande número de estudantes universitários, quando vão morar em seus próprios apartamentos, ainda não aprendeu, nem em casa, nem na escola, a preparar refeições adequadas; sendo assim, acabam consumindo refeições baratas, processadas e semiprontas, compradas em supermercados. Não é de estranhar que tenhamos de gastar milhões e milhões de dólares, ano após ano, no serviço de saúde pública, assim como não espanta que as sociedades ocidentais estejam sofrendo de um grau crescente de obesidade, câncer e doenças coronarianas, sem mencionar problemas mentais, psicológicos e emocionais. Graças a Jamie Oliver, tem havido na Grã-Bretanha um pouco mais de conscientização sobre a qualidade da comida oferecida em escolas, mas os educadores estão tão obcecados com resultados de provas e conquistas acadêmicas que, para eles, cuidados com alimentação e nutrição têm pouquíssima importância. Tem-se a impressão de que a única preocupação da direção das escolas é encontrar o fornecimento mais barato e menos incômodo possível de refeições escolares, para que os alunos possam continuar a ter suas lições acadêmicas, ao passo que a preparação de refeições pelos próprios alunos deveria ser considerada parte essencial da educação.

Frequentemente a merenda de escolas e as refeições em universidades da Grã-Bretanha são servidas em pratos descartáveis e com talheres descartáveis. Fazer uma refeição utilizando colheres de plástico e pratos de poliestireno é visto como um símbolo de eficiência, economia e progresso. Que caricatura desses conceitos! As refeições comunitárias deveriam ser um momento de união da comunidade e celebração dos frutos da terra. Em vez disso, tornaram-se uma atividade apressada. Você coloca pizza no seu estômago da mesma forma como põe gasolina no carro! Numa boa escola, a cozinha deveria ser considerada uma sala de aula em que se aprendem várias matérias sem que seja necessário ensiná-las. Cozinhar é, em si, uma grande lição. Os alunos aprendem a usar suas mãos ao manusear vegetais, fazer pão e lavar utensílios.

Todas as escolas deveriam ser lugares de jogos e brincadeiras, mas pouquíssimas têm hortas, pomares e canteiros de flores. Deveria ser obrigatório que todas as escolas tivessem um jardim e, assim como há professores de Educação Física, deveria haver professores de Jardinagem também. E assim como Matemática e Inglês são matérias obrigatórias, Jardinagem também deveria ser. A terra não é suja. Devemos conferir dignidade ao trabalho das nossas mãos, ao cultivo do solo. Há muitos benefícios para a saúde em se trabalhar ao ar livre. No sistema atual, os estudantes permanecem por longos períodos em ambientes fechados onde se entediam, se frustram e se irritam. Precisamos revalorizar a importância da sala de aula ao ar livre. Os governos sempre organizam e reorganizam a estrutura escolar, sua administração e seus subsídios, mas nunca prestam atenção a certas falhas fundamentais em nossos sistemas educacionais antiquados, em que as crianças têm poucas oportunidades de serem criativas, de serem fabricantes e agricultoras. O jardim não é apenas um fornecedor de alimento, mas também de conhecimento e experiência. Em ambientes fechados, os alunos recebem unicamente informação; talvez um pouco de conhecimento e pouquíssima experiência. Porém, quando estão no jardim ou na cozinha, trabalhando com as mãos junto com seus colegas e professores, recebem ao mesmo tempo informação, conhecimento e experiência.

Por que deveríamos ser impelidos a atribuir valor mais alto ao trabalho realizado num escritório, banco ou loja e valor mais baixo ao trabalho numa cozinha ou jardim? Não é de admirar que o desemprego esteja aumentando entre os jovens de toda a Europa.

Não se ensinou aos jovens nenhuma habilidade além de trabalhar num escritório, e escritórios oferecem número limitado de empregos. Mesmo que você tenha se formado médico, advogado, professor ou cientista, essas ocupações são, em grande parte, bastante intelectuais. Desejo um sistema de educação que inclua as habilidades manuais, além das intelectuais. A ênfase exclusiva do sistema educacional em objetivos intelectuais torna as pessoas dependentes de bens produzidos em locais distantes. Enormes quantidades de combustíveis fósseis são gastas no transporte desses bens. À medida que esses combustíveis vão se esgotando, num contexto em que as pessoas perderam a capacidade de fazer e manufaturar, vamos ficando extremamente vulneráveis.

De qualquer maneira, usar nossas mãos e trabalhar no solo são atividades de valor intrínseco. Ser autossuficiente e participar no processo da vida produz um sentido de satisfação essencial ao respeito que a pessoa tem por si mesma, sendo importante para sua realização psicológica.

Quando falo em habilidades manuais, quero dizer outras além da jardinagem. Na minha visão, todas as escolas e universidades deveriam atribuir igual importância ao trabalho com madeira, argila, pedras, lã e outros materiais. Nosso sistema educacional tem valorizado exclusivamente o trabalho com ideias, teorias e conceitos, e estes são úteis até o limite onde conseguem chegar. No entanto, sem a prática, a teoria fica somente na cabeça. Em nosso cotidiano, precisamos usar nossas mãos para que a vida valha a pena ser vivida. A energia humana é a fonte mais importante de energia renovável.

Os ambientalistas se referem à energia renovável como sendo exclusivamente fornecida pelo vento, pela água e pelo sol, mas quase nunca se referem à energia humana. Há aproximadamente oito bilhões de pessoas no mundo e essa energia humana abundante tem sido negligenciada, não utilizada e esquecida. Se nossas escolas e universidades conseguissem dar a nossos jovens o conhecimento para usar sua força muscular para fazer e manufaturar, usando a eletricidade com moderação, teríamos mais sustentabilidade. Que maravilha pensar que trabalhar com as mãos não somente nos mantém saudáveis e felizes, mas também poupa energia! Como precisamos nos libertar de nossa dependência de combustíveis fósseis para reverter o processo de aquecimento global e nos preparar para um suprimento cada vez menor desses combustíveis, precisamos caminhar em direção a uma economia íntima, local e sempre renovável. O que é mais renovável que a energia humana? E esta vem do alimento que comemos. Portanto, a energia humana deve ser usada, em primeiro lugar, para plantar alimentos e garantir, assim, um fornecimento ilimitado de energia humana. Consequentemente, um jardim em cada escola não é uma ideia extravagante: é um imperativo da sustentabilidade.

Agora abordarei a educação do coração. Quais são as qualidades do coração? A resposta é bem conhecida: aprender a ser respeitoso, grato, compassivo, generoso e cuidadoso, além de aprender a lidar com as próprias emoções, sentimentos, ansiedades e incertezas.

Nossos professores não têm tempo de se dedicar, juntamente com seus alunos, a explorar e examinar a educação do coração, nem de refletir sobre ela. Mas a maneira como lidamos com nossos sentimentos é tão importante quanto a língua portuguesa, a matemática, a história e as ciências. Sabemos tudo sobre Darwin e Descartes, Milton e Marx, Shakespeare e Shelley, mas não sabemos nos respeitar mutuamente, ser compassivos com os que sofrem de doenças e infortúnios, ser gratos pelos dons da vida que recebemos todos os dias, nem sabemos cuidar da terra, dos animais, das florestas e das pessoas.

> Que maravilha pensar que trabalhar com as mãos não somente nos mantém saudáveis e felizes, mas também poupa energia!
> SATISH KUMAR

Não se envolver com as qualidades do coração é falha no cumprimento do dever. O necessário é nada menos que uma revolução na educação. Precisamos substituir leitura, escrita e aritmética por cabeça, coração e mãos. Essa revolução não é demasiadamente difícil; só requer uma mudança de atitude. Caminharemos rumo a uma sociedade saudável quando a educação se tornar verdadeiramente abrangente, inclusiva e holística. Ao substituir leitura, escrita e aritmética por cabeça, coração e mãos, estaremos caminhando rumo ao bem-estar dos indivíduos, das comunidades, das nações e do planeta Terra.

A ênfase em leitura, escrita e aritmética gerou uma cultura competitiva, egoísta e egocêntrica, ao passo que uma educação de cabeça, coração e mãos produzirá uma cultura mais cooperativa, social e ecológica. Essas três vias conduzem a relacionamentos. Através do coração, nos relacionamos com outras pessoas e com a natureza. Através das mãos, também nos relacionamos com elas.

A HISTÓRIA DE SATYAKAM

Educar cabeça, coração e mãos era o princípio de educação primordial praticado por Rabindranath Tagore. Sua metodologia consistia em aprender *da* natureza, em vez de *sobre* a natureza. Ele dava aulas sob árvores, prática que herdara de uma antiga tradição indiana na qual a aprendizagem acontecia em escolas-floresta e lugares selvagens, na natureza e a partir da natureza.

Uma das melhores histórias a esse respeito se encontra no *Chandogya Upanishad*. Um menino, Satyakam, tinha ouvido falar de um grande professor chamado Rishi Gautama, intelectual e sábio. Todavia, Rishi aceitava apenas um pequeno número de alunos. Uma vez admitidos, estes recebiam sua total atenção.

Quando Satyakam quis estudar com ele, ouviu dizer que, em sua primeira entrevista, o professor lhe perguntaria: "Quem é você, qual a sua linhagem, quem são seu pai e sua mãe e por que e o que você quer estudar?". Satyakam achou que conseguiria responder a todas essas perguntas, com exceção de uma: ele não sabia quem era seu pai. Então foi até sua mãe e lhe disse: "Há um professor famoso na floresta. Ele é o único com quem quero estudar, mas vai querer saber quem é meu pai. Então, mãe, poderia me dizer quem me fez nascer?". A mãe ficou envergonhada, um pouco tímida, mas queria que seu filho estudasse com um grande professor, que o transformasse num homem sábio e talentoso. Sendo assim, respondeu: "Meu filho, fui serva quando jovem. Trabalhei para muitos homens. Infelizmente não sei quem foi que o fez nascer, mas meu nome é Jabala; então vá e diga a seu professor que seu nome é Satyakam Jabala".

De posse dessa resposta, Satyakam foi até Rishi Gautama, que vivia na floresta rodeado de *sal**, mangueiras e tecas. O professor morava à beira de um lago de lótus, numa cabana simples mas elegante, feita de bambu e coberta por um telhado de palha, sobre o

---

* Árvore do subcontinente indiano pertencente à família *Shorea robusta*. [N. da T.]

qual cresciam tenras abobrinhas. Ao ver Satyakam se aproximar, o professor lhe disse: "Bem-vindo, meu jovem, o que você procura?".

"Procurava o senhor, meu mestre. Desejo aprender com o senhor e servi-lo."

O professor pediu a Satyakam que se sentasse num tapete de palha à beira do lago e lhe ofereceu água fresca num copo de argila. "Você vai conseguir viver nesta floresta, longe de sua mãe e de seus amigos?"

"Sim, mestre. Eu anseio por aprender do senhor", disse Satyakam.

"Por que você tem tanta sede de conhecimento?", o mestre perguntou.

"Quero saber quem é Brahman e quem sou eu."

"Quem é seu pai? Qual a sua linhagem?", quis saber o mestre.

"Quando perguntei à minha mãe sobre meu pai, ela me disse que quando era jovem havia trabalhado para muitos homens. Infelizmente ela não sabe quem é meu pai, mas o nome dela é Jabala; portanto, ela sugeriu que eu lhe dissesse que meu nome é Satyakam Jabala."

Havia uma inocência pura na voz de Satyakam. Ele foi sincero e honesto.

"Você diz a verdade. Apenas o filho de uma boa mãe e de um bom pai pode ser tão verdadeiro, e seu desejo de conhecimento sobre Brahman também é puro e desinteressado. Eu o aceito como aluno a partir deste instante."

Satyakam ficou extasiado. Tocou os pés do professor com sua cabeça em sinal de gratidão.

"Vá além daquelas mangueiras", disse o professor. "Lá encontrará nove vacas e um touro. Leve-os até a floresta, cuide deles e volte quando esses dez animais tiverem se tornado cem. Esta é sua primeira lição."

Satyakam se levantou e disse: "Farei o que me pediu."

E o professor o abençoou.

Satyakam levou as vacas e o touro para a floresta. Primeiro, aprendeu a colher frutas silvestres e raízes para se alimentar. Poucos dias depois, começou a gostar do sabor, da fragrância e da diversidade de cores daqueles alimentos tão selvagens. Ele se deu conta de que as vacas sabiam melhor do que ele o que comer, o que não comer, quando comer e quando dormir. Satyakam fez amizade com os veados e macacos, e começou a se interessar profundamente por pássaros grandes, pequenos e coloridos, e a gostar de seu canto. Acabou perdendo totalmente a noção do tempo. Esqueceu-se de sua mãe e de sua família. As criaturas vivas da floresta tornaram-se sua família. Fez uma flauta de bambu e passou a imitar o canto dos pássaros, e quando tocava sua flauta, as vacas paravam de pastar e vinham escutar sua música. Satyakam andava pelas encostas dos rios, pelo alto da montanha e por todo aquele ambiente inexplorado tendo as vacas por companheiras. Perdeu todo o medo da selva e, uma estação após a outra, o número de suas vacas crescia. O tempo passou rápido, ele não sabia mais em que mês ou ano estava; conhecia apenas a mudança do clima e da paisagem. Os raios, os trovões e o período de monções eram absolutamente estimulantes. Havia abundância de frutos após as monções.

Passado um longo tempo, um tempo sem medida, ele estava debaixo de uma teca tocando sua flauta, cercado por todo o seu rebanho. De repente, uma das vacas lhe disse: "Sou o centésimo membro do rebanho, recém-nascido. É hora de voltar ao seu mestre. Mas antes de iniciarmos nossa viagem de retorno, gostaria de lhe ensinar sobre a existência de Brahman, a energia implícita e explícita do universo".

Satyakam ficou surpreso. Uma vaca lhe ensinando sobre Brahman!

"Sim, por favor, ensine-me sobre Brahman! Onde ele está?"

A vaca disse: "O leste é Brahman, o oeste é Brahman, o norte é Brahman e o sul é Brahman. Vamos! Amanhã o fogo nos ensinará mais sobre Brahman".

Satyakam ficou surpreso e maravilhado. Caminhou com seu rebanho de cem animais rumo à casa do professor.

Na noite seguinte, acamparam sobre um monte. Satyakam pegou madeira seca e fez uma pequena fogueira. Enquanto observava seu rebanho, todo saudável, forte e relaxado, o deus do fogo surgiu e lhe disse: "Satyakam, você tem sido um bom habitante das florestas. Como presente, vou lhe contar um segredo sobre Brahman".

Mais uma vez Satyakam ficou surpreso, mas com toda a atenção perguntou a Agni, o deus do fogo: "Sim, por favor, ensine-me sobre Brahman! Onde ele está?".

"Os animais são Brahman, os pássaros são Brahman, os insetos são Brahman. Brahman está em todo lugar. Amanhã um cisne lhe ensinará mais sobre Brahman."

Satyakam estava cheio de alegria em ganhar tal conhecimento sobre Brahman. Ele e seu rebanho dormiram calma e profundamente aquela noite. No dia seguinte viajaram através da floresta, por sobre os montes, pelos vales margeando o rio e chegaram a um lago. O céu estava vermelho, como se alguém tivesse pintado as nuvens. Havia cores e uma luz raramente vistas. Satyakam olhava para o céu totalmente em transe. Muito lentamente, o céu avermelhado começou a desbotar e as nuvens foram escurecendo. Ele ficou lá, parado, até que apenas uma luz tênue permaneceu sobre o lago. Satyakam viu um cisne nadando próximo a ele, como uma joia branca na escuridão da noite. Olhou nos olhos do cisne, que lhe disse: "Satyakam, quero lhe revelar uma verdade, uma verdade sobre Brahman".

Daquela vez ele não se surpreendeu; olhou para o cisne e lhe disse: "Por favor, diga-me quem é Brahman, onde ele está?".

"Este lago é Brahman, este rio é Brahman, este pôr do sol é Brahman, estas nuvens são Brahman, esta luz é Brahman, esta escuridão é Brahman, estas árvores são Brahman, estes montes são Brahman. Satyakam, amanhã você encontrará seu guru. Ele lhe ensinará mais sobre Brahman. Agora vou lhe desejar uma boa noite. Durma bem, caro peregrino." E subitamente o cisne desapareceu na escuridão.

Satyakam sentiu-se leve e livre. Quanta verdade vinda da boca de um cisne! Deitou-se sobre a terra nua, usando seu próprio braço como travesseiro, sonhando com Brahman e com o cisne. Será que o cisne era Brahman ou um mensageiro dele? Naquele estado de sonho, a verdade chegou até ele: a mensagem é Brahman, o mensageiro é Brahman. Não há mensagem sem mensageiro, nem mensageiro sem mensagem.

Na manhã seguinte as vacas o conduziram pelo caminho e ele as seguiu. Ouviu os pássaros cantarem: "Somos Brahman, eles são Brahman, tudo é Brahman". Uma brisa sussurrava nos ouvidos de Satyakam: "Brahman à sua frente, Brahman atrás de você, Brahman acima de você, Brahman abaixo de você, Brahman ao seu redor. Continue caminhando, continue fluindo em Brahman".

O sábio professor ouviu o som dos cascos de cem vacas e touros. Ouviu a flauta de um flautista maduro. Viu a poeira levantar-se acima do mangueiral. Foi aí que se deu conta de que Satyakam estava voltando. Pegou sua bengala e caminhou para receber seu discípulo. Sua vista já alcançava o rebanho e, atrás dele, vinha Satyakam. Quando viu seu guru, ele correu e caiu a seus pés. Subitamente o rebanho parou. O professor abraçou Satyakam e disse: "Todo o rebanho está forte e saudável. Você também está forte e saudável. Seus olhos estão brilhantes, seu rosto está sereno e você aparenta estar bem e ser sábio".

"Com sua graça e suas bênçãos, fiz da floresta o meu lar", respondeu Satyakam. "As vacas e os touros foram meus companheiros. Os pássaros no céu e os veados da floresta foram meus irmãos e irmãs, e eu aprendi o segredo e a verdade sobre Brahman primeiro do bezerro, depois do fogo e, por fim, do cisne. Mas o conhecimento mais profundo ainda está além de mim, por isso estou feliz em voltar para o senhor. Por favor, ensine-me sobre o mistério de Brahman! Quem é Brahman, onde ele está?"

O sábio pegou Satyakam pela mão e eles caminharam para a cabana à beira do lago dos lótus.

"Satyakam, seus olhos estão brilhando. É Brahman nos seus olhos. Seu coração está repleto de amor: é Brahman em seu coração. O bezerro lhe disse a verdade, assim como o fogo e o cisne. Brahman está dentro e fora de você. A verdade é Brahman, o amor é Brahman e a beleza é Brahman. A própria respiração é Brahman. Os milhões de nomes de milhões de coisas nada mais são do que os nomes de Brahman."

Rishi Gautama continuou: "O universo é a dança do Senhor Shiva, outro nome para Brahman. Não há separação entre a dança e o dançarino. Assim, também não há separação entre criador e criatura. Tudo e todos são criadores e criaturas. A criação é contínua. Não há começo nem fim. O nascimento é Brahman e a morte é Brahman. Através do nascimento e da morte, a vida se renova e se atualiza. A dor é Brahman e a alegria também é Brahman. Alegria e dor nos fazem fortes e resilientes".

Satyakam foi abençoado com profunda compreensão; seu desejo por conhecimento foi saciado. Sua cabeça, seu coração e suas mãos estavam em perfeita harmonia.

6
O PEQUENO AINDA É BELO

"Se as atividades econômicas são realizadas em nível reduzido e local, a consequência é que a pegada humana sobre a Terra também será reduzida."

O PEQUENO AINDA É BELO

Até agora escrevi sobre como a sabedoria do Oriente se relaciona à trindade Solo, Alma, Sociedade. Neste capítulo, falarei sobre um economista ocidental que foi também filósofo e homem de fé. Este homem foi E. F. Schumacher.

Conheci Schumacher em 1968 e nele encontrei a personificação do pensamento holístico. Ele especificava com certo detalhe como a sociedade humana poderia ficar em paz consigo mesma, cuidar da natureza e ainda aproveitar os frutos de uma renovação espiritual constante.

E. F. Schumacher foi um defensor da economia verde. Defendia o pequeno porque este é compatível com a grandeza e com o verde. Fábricas gigantescas que produzem em massa, corporações enormes que promovem o consumo de massa e o transporte de massa são os causadores da poluição da terra, do ar e da água, além de esgotarem recursos e destruir a criatividade humana. Por isso é que ele chegou à conclusão de que o pequeno não é apenas belo: é também essencial, mesmo que não seja suficiente. O pequeno é necessário porque confere às pessoas o potencial de serem espontâneas, criativas, flexíveis e inovadoras.

Numa escala menor, temos muito mais disposição em exercer um maior grau de autonomia e aprimorar planos e regras existentes para nos adaptarmos a mudanças de circunstâncias. Além do mais, conseguimos cuidar melhor do ambiente natural, de nós mesmos e de nossas comunidades humanas. Em outras palavras, do Solo, da Alma e da Sociedade.

Em 1962, Rachel Carson havia apresentado um caso científico, em seu livro *Silent Spring* [*Primavera silenciosa*], em que propunha uma compreensão mais ampla e maior cuidado com o ambiente natural. Em 1972, a ONU havia organizado sua primeira conferência sobre o meio ambiente em Estocolmo. Vários chefes de estado e líderes de governo estiveram presentes, e o resultado foi uma sólida demanda por mudanças nas políticas ambientais que favorecessem a proteção do meio ambiente. Naquela época, o Clube de Roma também publicou um estudo seminal intitulado *Limits to Growth* [*Limites do crescimento*], que fazia um forte apelo para que o mundo mudasse seu foco do consumo para a conservação.

Tudo isso foi muito alentador. Mas E. F. Schumacher sentia que, a não ser que desafiássemos a "religião da economia", a ciência e as políticas ambientais não seriam suficientes. O mundo estava tomado por um sistema econômico antipessoas, antinatureza e, sobretudo, destruidor da alma. Schumacher havia escrito vários artigos que estabeleciam os alicerces de uma economia ecológica e espiritual. Inspirado pelo trabalho de Rachel Carson, pela conferência da ONU em Estocolmo e pelo documento *Limits to Growth*, reuniu todos os seus artigos para formar um livro. O resultado foi *Small is Beautiful*.

> " O pequeno é necessário porque confere às pessoas o potencial de serem espontâneas, criativas, flexíveis e inovadoras. "
>
> SATISH KUMAR

Para começo de conversa, o livro não era fácil. Ao buscar uma editora para publicá-lo, Schumacher empreendeu uma tarefa inglória. Uma após outra, as editoras lhe mandavam comunicados dizendo "não, obrigado". Por fim, Anthony Blond, representante de uma pequena editora, identificou o potencial do livro, cujo título original era "Homecomers: Economics as if People Matter" [Voltando para casa: a economia como se as pessoas importassem].

Depois de ler o manuscrito, Blond disse a Schumacher: "O que você está dizendo, na verdade, é que o tamanho reduzido é um pré-requisito para a felicidade e o bem-estar humanos, para a coesão social e o cuidado do meio ambiente, para a paz e para a liberdade". Schumacher respondeu: "Sim, você está certo. É o que digo, mas também digo muito mais que isso!". Blond sugeriu: "Por que não chamar seu livro de *Small is Beautiful* e dar-lhe o subtítulo *Economics as if People Matter*? O título do livro precisa ser vivaz, curto e fácil de decorar". Schumacher gostou da ideia porque, para ele, a Beleza era tão importante quanto o ser pequeno. O fato de ser pequeno, em si, não é garantia de que seja bom. O pequeno também precisa ser belo e bom. Sendo assim, juntar essas duas palavras e esses dois conceitos em um único título simples e acessível foi uma proposta atraente. Schumacher respondeu: "Gostei. Como você é o editor e acha que seu título vai ajudar a vender o livro, concordo alegremente".

Blond ficou feliz e publicou o livro em capa dura em 1973. Da mesma forma como Schumacher havia tido dificuldade de encontrar uma editora, Blond encontrou dificuldade para fazer o *marketing* do livro. A mídia e o mercado britânicos acharam-no idealista e utópico demais. Entretanto, Blond conseguiu publicá-lo nos Estados Unidos, onde o livro encontrou ressonância na mídia e na comunidade acadêmica.

Schumacher viajou por todo o território norte-americano para promovê-lo e falou para plateias numerosas em universidades, igrejas e prefeituras. Jerry Brown, então governador da Califórnia, leu o livro e ficou tão empolgado que convidou Schumacher para uma visita ao palácio do governo. Conversar com Schumacher pessoalmente era ainda mais inspirador e impressionante que ler seu livro, tanto que Brown telefonou para o presidente Jimmy Carter e insistiu que este se encontrasse com ele. O convite a Schumacher para ir à Casa Branca virou notícia no Reino Unido; de repente a mídia, os congressistas, acadêmicos e livreiros em sua terra natal o descobriram e o livro virou um *best seller*. Em pouco tempo foi traduzido para as línguas mais faladas do planeta e atualmente é considerado um "clássico verde"! Os principais pontos desse livro revolucionário serão discutidos a seguir.

As organizações são concebidas e criadas com objetivos tais como cuidar da saúde das pessoas, oferecer educação aos jovens, produzir e distribuir alimento à população ou cuidar do meio ambiente. As grandes organizações tendem a ficar atoladas em meio aos cuidados com sua própria manutenção, e os ideais pelos quais foram criadas acabam ficando em segundo plano. A grande escala frequentemente força as pessoas a estarem a serviço da própria organização, enquanto a pequena escala tende a fazer com que a organização esteja a serviço das pessoas.

Um dos testes basilares de uma organização é examinar se ela transforma as pessoas em instrumentos para perpetuar o sistema e as vê como meios para alcançar um determinado fim, ou se ela existe como um meio e as pessoas são seu fim último. As grandes organizações empresariais têm por alvo maximizar o lucro; consequentemente, as pessoas acabam sendo subservientes a essa causa, enquanto organizações empresariais menores são mais bem-sucedidas em manter o equilíbrio entre o bem-estar de seus membros e da comunidade a que servem, bem como em manter sua visão focada no ponto principal.

Da mesma forma, grandes organizações governamentais ficam obcecadas com a manutenção do próprio poder. Outras considerações humanas, sociais e ecológicas acabam se tornando subsidiárias ao imperativo dominante de continuar no controle, e a melhoria dos serviços públicos ou a manutenção do desenvolvimento sustentável ficam só nas palavras.

E. F. Schumacher escreveu: "... parece haver sempre uma necessidade de duas coisas simultaneamente... liberdade e ordem. Precisamos da liberdade de inúmeras unidades autônomas e, ao mesmo tempo, da ordem da grande escala... quando se trata de ação, precisamos das pequenas unidades, pois a ação é uma atividade altamente pessoal e uma pessoa não pode estar em contato com mais do que um número muito limitado de pessoas ao mesmo tempo". Quando ele e outros pensadores descentralizadores defendiam a importância fundamental da escala humana, referiam-se fundamentalmente à questão das organizações físicas, que nada tem a ver com a noção de um confinamento provinciano, estreito ou nacionalista. Ele próprio concordava que "... quando se trata do mundo das ideias, princípios e ética, da inseparabilidade entre paz e ecologia, precisamos reconhecer a unidade da humanidade".

Sem sombra de dúvida, somos membros da comunidade Terra, e todas as fronteiras nacionais, políticas, religiosas e industriais são secundárias. Precisamos reconhecer a sacralidade e o valor intrínseco de toda espécie de vida, sem nos confinar a nenhum interesse setorial ou sectário. Mas somos limitados por nossa estatura física; portanto, conseguimos nos relacionar ativa e pessoalmente apenas com um pequeno número de pessoas. A Terra inteira é nosso lar; no entanto, desenvolvemos uma noção de espaço e uma conexão espiritual reais com o local onde vivemos. Não se deve confundir ser pequeno com ser estreito. A ideia de pequenez não era uma questão de crença dogmática para Schumacher. Com frequência ele falava sobre a escala apropriada. No entanto, sublinhava a importância do pequeno porque enxergava um mundo obcecado com "... uma idolatria quase universal do gigantismo". Assim sendo, ele achava necessário insistir nas virtudes da pequenez. "Se houvesse uma idolatria predominante da pequenez", escreveu ele, "seria necessário tentar influenciar na direção oposta". Schumacher ainda explicava que "para cada atividade há uma escala apropriada".

A ESCALA DOS ASSENTAMENTOS HUMANOS

Não só as organizações políticas, sociais ou empresariais precisam ser construídas na escala apropriada: os assentamentos humanos devem ser planejados sobre o princípio da escala humana. O crescimento descuidado de cidades em todo o mundo preocupava Schumacher profundamente. "Milhões de pessoas começam a se movimentar, abandonando as áreas rurais e as cidades menores para seguir as luzes da cidade, para ir para a cidade grande, gerando um crescimento patológico". Ele se preocupava com a criação de megalópoles para onde dezenas de milhões de pessoas convergem, criando congestionamento, poluição e alienação, ao passo que a comunidade, a beleza e a simplicidade se perdem no processo.

Para ele, o limite máximo desejável para uma cidade seria de cerca de meio milhão de pessoas.

> A Terra inteira é nosso lar; no entanto, desenvolvemos uma noção de espaço e uma conexão espiritual reais com o local onde vivemos.
>
> SATISH KUMAR

Numa cidade pequena, os cidadãos conseguem se locomover de um lugar a outro sem precisar pegar um carro ou um ônibus. As pessoas conseguem ir a pé à escola, a lojas, bibliotecas, teatros, clínicas e outros locais. Há um equilíbrio melhor entre a cidade e o campo: natureza e cultura convivem lado a lado. Uma cidade assim deve ser rodeada de propriedades rurais, campos e pomares, que poderão abastecê-la utilizando um mínimo de transporte. A energia deve vir do sol, do vento, da água e da madeira. Até uma pequena quantidade de combustíveis fósseis consegue render muito se uma política de frugalidade e combate ao desperdício for parte integral da cultura da cidade. A existência de hortas, jardins suspensos e sistemas de captação de água torna-se possível no ambiente urbano, pois as pessoas vivem juntas num contexto de mutualidade, cooperação e cuidado.

Schumacher explicava: "A onipresente doença do mundo moderno é o completo desequilíbrio entre a cidade e o campo, um desequilíbrio de riqueza, poder, cultura, atração e esperança. A primeira ficou sobrecarregada e o último se atrofiou. A cidade virou o ímã universal ao mesmo tempo em que a vida rural perdeu seu sabor. Todavia, continua sendo verdade inalterável que, da mesma forma que uma mente sadia depende de um corpo sadio, também a saúde das cidades depende da saúde das áreas rurais. As cidades, com toda a sua riqueza, são meras produtoras secundárias, enquanto a produção primária, pré-condição para toda a vida econômica, acontece no campo. A falta de equilíbrio vigente, baseada numa exploração milenar da pessoa do campo e do produtor de matérias-primas, hoje ameaça todos os países do mundo, os ricos ainda mais que os pobres. Restaurar o equilíbrio entre a cidade e a vida rural talvez seja a maior tarefa a ser desempenhada pelo homem moderno. Não é simplesmente uma questão de aumentar a produtividade da agricultura para evitar a fome: não haverá resposta aos males do desemprego em massa e da migração massiva para as cidades enquanto não houver melhora em todo o nível da vida rural, e isso requer o desenvolvimento de uma cultura agroindustrial, para que cada distrito, cada comunidade possa oferecer uma rica variedade de ocupações a seus membros".

ECONOMIA DE ESCALA

A pequena escala leva naturalmente a uma economia local, ao passo que a grande escala conduz à globalização. A globalização, que depende inteiramente do uso excessivo e perdulário de combustíveis fósseis, exige infraestrutura massiva e mobilidade irracional e, sobretudo, causa mudanças climáticas. A economia local, pelo contrário, ressalta um sentido de identidade com o lugar, de comunidade e responsabilidade em relação ao ambiente local.

Uma vez Schumacher viu um caminhão cheio de biscoitos viajando de Edimburgo a Londres. Pouco tempo depois, soube que biscoitos de Londres também eram transportados para Edimburgo, igualmente por caminhão. Como economista, não conseguiu entender por que motivo seres humanos criativos são compelidos a dirigir caminhões por horas sem fim, indo de Edimburgo a Londres e de Londres a Edimburgo, transportando biscoitos a um custo altíssimo para o meio ambiente. Certamente as receitas de biscoitos escoceses podiam ser aprendidas por padeiros de Londres e vice-versa, evitando a poluição do ar, o tédio humano e a construção de rodovias. Depois de muito pensar e analisar, ele ainda não conseguia compreender a lógica econômica dessa transação; então resolveu se consolar fazendo uma piada: "Bom, sou um simples economista, não um nutricionista. Talvez, ao transportar biscoitos por longas distâncias, seu valor nutricional aumente!".

Não apenas biscoitos, mas até água mineral é transportada por longas distâncias. Uma vez eu vi água das Terras Altas da Escócia vendida num supermercado francês, como também já vi água francesa à venda nos supermercados da Escócia. Fiquei pensando por que a água escocesa não seria boa o suficiente para os escoceses e a água francesa para os franceses. Claro, é possível encontrar uma lógica quando existe troca comercial entre uísque escocês e conhaque francês. Isso sim é um comércio que faz sentido. Mas qual é a razão de exportar e importar água? A Grã-Bretanha exporta uma quantidade de manteiga quase igual à quantidade que importa. O mesmo vale para outros produtos. Schumacher foi um dos primeiros a apontar a insensatez e estupidez de um sistema desses.

Em nome da economia de escala, ignoramos as deseconomias da escala. Enquanto milhões de pessoas em países da Europa e nos Estados Unidos não têm trabalho e são forçadas a viver de programas sociais, esses países importam da China muitos bens que poderiam ser facilmente produzidos de forma local, gerando emprego, reduzindo a poluição e livrando-os de uma enorme carga tributária.

A PSICOLOGIA DA ESCALA

A pequena escala também leva ao bem-estar pessoal, psicológico e emocional, o bem-estar da alma. Em grandes organizações, a integridade do indivíduo é frequentemente perdida. Estes se sentem "nada mais que uma pequena peça de uma imensa engrenagem, ao mesmo tempo em que as relações humanas do trabalho diário vão ficando cada vez mais desumanizadas", escreveu Schumacher. As grandes organizações preocupam-se demais com a eficiência e com a produtividade, enquanto a felicidade humana e a realização espiritual perdem espaço. E acrescentou: "Na realidade, ninguém gosta de grandes organizações. Ninguém gosta de receber ordens de um superior que recebe ordens de outro superior. Mesmo que as regras elaboradas pela burocracia sejam humanitárias, ninguém gosta de ser regido por regras, ou seja, por pessoas cuja resposta para todas as reclamações é 'eu não criei as regras, só estou colocando-as em prática'". As pessoas que trabalham em organizações de grande escala gostam de sua ordem, mas essa ordem é muitas vezes estática e sem vida, e os indivíduos dentro delas frequentemente carecem de um sentido de aventura e coragem de correr riscos. Schumacher acreditava que a organização ideal deveria ser um lugar em que houvesse "muito espaço de manobra e escopo para romper a ordem estabelecida e fazer aquilo que nunca foi feito antes, nunca previsto pelos guardiões da ordem". Ele celebrava aquela criatividade que incentiva um "resultado imprevisto e imprevisível".

Schumacher acreditava que "o perigo específico inerente a organizações de grande escala é sua tendência natural a favorecer a ordem à custa da liberdade criativa... o homem organizado normalmente é o contador e o administrador, enquanto o homem da liberdade criativa é o empreendedor. A ordem requer inteligência e conduz à eficiência, ao passo que a liberdade requer intuição ao mesmo tempo em que abre as portas para esta última e para a inovação... sem a magnanimidade da desordem se aventurando pelo desconhecido e incalculável, sem o risco e a aposta, a imaginação criativa se apressando por aquela estrada em que os anjos burocráticos temem caminhar – sem isso, a vida é uma paródia e uma desgraça".

A ECOLOGIA DA ESCALA

Se as atividades econômicas são realizadas em nível reduzido e local, a consequência é que a pegada humana sobre a Terra também será reduzida. A produção em massa e em grande escala aumenta o consumo em massa e em grande escala, o que leva a desperdício e poluição em grande escala. Em pequena escala, porém, a produção local e cuidadosa das massas resultará num consumo cuidadoso, incorporando os ideais de reduzir, reutilizar, reparar e reciclar os objetos e bens de uso diário.

A preocupação de Schumacher com a pequenez não significava defender o pequeno só porque ele gostava do pequeno. Ele acreditava que o pequeno é sustentável e ambientalmente apropriado. A sociedade moderna, comprometida com um sistema capitalista de grande escala, enxerga a natureza como sendo um mero recurso para maximizar o lucro. Terra, Trabalho e Capital, os princípios da economia clássica, foram virados de cabeça para baixo pela economia moderna. O capital tornou-se o mestre dominador. Nesse modelo, a terra e o trabalho existem para servir ao capital. Na economia clássica, a verdadeira riqueza era a terra, as florestas, animais, minerais, rios, a engenhosidade humana, a criatividade e as habilidades do homem. O capital financeiro existia para lubrificar as engrenagens. Na economia moderna, o dinheiro é que se tornou riqueza, quando o dinheiro deveria ser considerado simplesmente um modelo de riqueza, um meio de troca, não a riqueza em si. A primazia do dinheiro no modelo econômico moderno é a causa da crise ambiental.

A missão da economia moderna é maximizar o lucro, e seu método é conquistar a natureza. Os industriais falam de uma batalha contra a natureza. A maneira como a tratam é como se estivessem em guerra com ela. A agricultura industrial, a engenharia genética, a industrialização da lavoura e da colheita, o uso de fertilizantes, pesticidas e herbicidas, o desmatamento, a mineração a céu aberto, a perfuração profunda para a exploração do petróleo, a escala industrial da pesca e um sem-número de exemplos são evidências do fato de que a economia industrial enxerga a natureza como algo a ser combatido e vencido. Os capitães da moderna economia não têm consciência do fato de que, se vencerem a guerra, estarão se colocando no lado perdedor.

> " Na economia clássica, a verdadeira riqueza era a terra, as florestas, animais, minerais, rios, a engenhosidade humana, a criatividade e as habilidades do ser humano. "
> SATISH KUMAR

Schumacher considerava a natureza o verdadeiro capital, definindo a palavra em seu sentido mais amplo. Insistia que devíamos fazer todo o possível para conservar, salvaguardar e proteger o capital natural por seu próprio valor e por amor às futuras gerações. Ele se referia ao respeito e reverência pelo valor intrínseco da natureza sagrada como "metaeconomia". Assim escreveu ele: "Os combustíveis fósseis são simplesmente uma parte do capital natural que insistimos firmemente em tratar como consumíveis, como se fossem renda. Se esbanjarmos nossos combustíveis fósseis, ameaçaremos a civilização; mas se esbanjarmos o capital representado pela natureza viva que nos circunda, ameaçaremos a própria vida".

Se tivéssemos sido fiéis à economia clássica, consumiríamos os dons da natureza com moderação e para a satisfação de nossas necessidades vitais. A economia industrial e capitalista esbanja incansavelmente o capital natural "como se fosse algo que nós mesmos tivéssemos produzido e pudéssemos facilmente substituir através do uso de nossa sempre crescente e tão alardeada produtividade", disse Schumacher. Na economia schumacheriana, o objetivo é criar "saúde, beleza e permanência, e aprender a viver em paz não só com outros seres humanos, mas também com a natureza". Na economia capitalista, o objetivo é perseguir o crescimento econômico contínuo e ilimitado, que Schumacher chamava de patológico e considerava uma absoluta impossibilidade, pois não se pode ter crescimento ilimitado e infinito numa Terra finita.

ESPIRITUALIDADE E ESCALA

O firme propósito do crescimento econômico é um tipo de materialismo puro em que a ganância é cultivada sistematicamente e em que a sobriedade, a frugalidade e a sabedoria não têm lugar. De acordo com Schumacher, ficamos inteligentes demais para continuar "sobrevivendo sem sabedoria... Foi-nos possível excluir a sabedoria da economia por pouco tempo, quando não éramos muito bem-sucedidos. Mas agora que somos muito bem-sucedidos, o problema da verdade espiritual e moral assumiu uma posição central". Volta e meia ele enfatizava a conexão essencial entre economia e sabedoria: "Cultivar e aumentar as necessidades é a antítese da sabedoria. É também a antítese da liberdade e da paz. Cada necessidade a mais tende a aumentar também a dependência de forças externas sobre as quais não temos controle, aumentando, portanto, o medo existencial. Somente ao reduzir suas necessidades uma pessoa pode promover a redução genuína das tensões, que são a causa última dos conflitos e das guerras".

A economia de grande escala é a economia da guerra e da violência: "Máquinas cada vez maiores, que acarretam uma concentração cada vez mais elevada de poder econômico e exercem violência cada vez maior contra o meio ambiente não representam o progresso: elas são uma negação da sabedoria. A sabedoria requer uma nova orientação da ciência e da tecnologia em direção ao orgânico, ao suave, ao não violento, ao elegante e ao belo. A paz é indivisível – então como a paz pode ser construída sobre um alicerce de ciência imprudente e tecnologia violenta?", escreveu Schumacher. Foi pela paz, sustentabilidade e bem-estar das pessoas e da Terra que ele defendeu organizações de pequena escala, pois acreditava que estas sempre seriam menos danosas ao ambiente natural e teriam menos probabilidade de conduzir à guerra, como as de grande escala.

Schumacher tinha consciência de que mesmo as pequenas comunidades poderiam ser responsáveis por destruição e agressão; no entanto, em virtude de sua pequena escala e poder limitado, ele avaliava que seu impacto também seria pequeno em comparação com o impacto negativo exercido por grupos gigantescos ou nações motivadas por poder, lucro e ganância. Se houvesse qualquer prova de que a grandeza viria acompanhada de humildade, modéstia e sobriedade, ele não faria objeção alguma à grande escala de operações, corporações e nações. Mas, para ele, este não era o caso. Tendo passado pela experiência de trabalhar em grandes organizações, ele viu que estas fazem seus julgamentos sobre bases muito estreitas e que esses julgamentos favorecem uma visão de curto prazo, como balanços trimestrais ou margem de lucro anual. As corporações transnacionais que buscam mercados globais dependem da infraestrutura construída por governos e financiada com dinheiro de contribuintes; e, ainda assim, ousam contratar bons contadores para evitar pagar impostos. Ademais, seus cálculos financeiros excluem o verdadeiro ônus ao meio ambiente, resultante de suas operações.

Além da estreiteza de visão do curto prazo, as grandes instituições econômicas incentivam um individualismo irresponsável: elas não se preocupam com o bem-estar espiritual, social e ambiental. Consideram antieconômico, por exemplo, dar preferência a bens produzidos localmente se os bens importados forem mais baratos. Em conjunto, as forças do mercado, o livre comércio, a globalização e o crescimento econômico criaram a "religião da economia", em que triunfa o imperativo da quantidade. Schumacher escreveu: "Quando o pensamento econômico se baseia no mercado, tira a sacralidade da vida, pois não pode haver nada sagrado em algo que tem preço". Num sistema assim, mesmo valores não econômicos simples como beleza, saúde e limpeza só conseguem sobreviver se provarem ser "econômicos".

ECONOMIA BUDISTA

Schumacher foi convidado pelo governo birmanês para aconselhá-lo com relação ao desenvolvimento de sua economia com base no modelo ocidental. Em 1955, passou quase seis meses na Birmânia visitando vilarejos, cidades, templos e monastérios, e conversando com idosos sábios. Rapidamente ele se deu conta de que os birmaneses tinham um sistema econômico próprio perfeitamente bom, ao qual chamou de Economia Budista. Naquela época, ele observou que os birmaneses comuns eram satisfeitos, criativos e próximos à natureza, que cuidavam alegremente da terra, dos animais e das pessoas. É claro que poderiam desenvolver algumas poucas tecnologias intermediárias e adequadas para facilitar seu trabalho, mas por que um sistema industrial, urbano e mecanizado deveria ser imposto a eles?

Ficou claro para ele que substituir uma economia tão tradicional por outra moderna, de estilo ocidental, causaria mais problemas do que traria soluções. Ele se deu conta de que os budistas veem "[...] a essência da civilização não na multiplicação dos desejos, mas na purificação do caráter humano". E esse caráter é parcialmente formado pelo bom trabalho e por sua dignidade. Para Schumacher, o trabalho não era apenas um emprego ou uma ocupação; era uma fonte de criatividade, imaginação e crescimento espiritual: "[...] o trabalho bem feito [...] abençoa aqueles que o fazem, bem como os produtos que produzem", escreveu ele. Através do bom trabalho, que os budistas chamam de Meio de Vida Correto, o ser humano muda para melhor, assim como o mau trabalho o transforma em algo pior. Consequentemente, a sociedade tem a obrigação de incentivar o bom trabalho e valorizar seus artesãos, artistas, agricultores, jardineiros, construtores e comerciantes. A industrialização do trabalho e a produção em massa reduzem as oportunidades de bom trabalho e de "purificação do caráter humano".

O bom trabalho não deve ser confundido com tarefas domésticas ou atividades estafantes; o bom trabalho e o bem viver se complementam. Ele melhora a qualidade de vida e gera bem-estar.

> O bom trabalho não deve ser confundido com tarefas domésticas ou atividades estafantes; o bom trabalho e o bem viver se complementam. Ele melhora a qualidade de vida e gera bem-estar.
> SATISH KUMAR

Como escreveu Schumacher: "O budismo não é contrário ao bem-estar. Não é a riqueza que obstrui o caminho da liberação, mas o apego à riqueza; não é fruir as coisas agradáveis, mas desejá-las. A tônica da economia budista, portanto, é simplicidade e não violência". Um economista budista diria que "[...] como o consumo é apenas um meio para o bem-estar humano, seu objetivo deveria ser obter o máximo de bem-estar com um mínimo de consumo [...] e como os recursos econômicos são limitados em todo lugar, as pessoas que satisfazem suas necessidades com um uso moderado de recursos têm obviamente menos propensão a viver em pé de guerra umas com as outras, em comparação com as que dependem de um uso excessivo de recursos. Da mesma forma, quem vive em comunidades locais predominantemente autossuficientes tem menos tendência a se envolver em violência de grande escala do que aqueles cuja existência depende de sistemas mundiais de comércio". Sobretudo, "[...] satisfazer os desejos humanos com recursos distantes em vez de usar fontes próximas significa fracasso e não sucesso".

Em outras palavras, Schumacher chamou de "retorno ao lar" sua descoberta da economia budista. Ele considerava uma aberração a ideia de que a industrialização da agricultura seja desenvolvimento, e que viver próximo à terra, ganhando a vida através da agricultura de pequena escala, com a ajuda de trabalhos artesanais e comércio em escala humana seja considerado subdesenvolvimento. A busca do materialismo puro, para ele, era um beco sem saída. Por outro lado, integrar os princípios budistas de um estilo de vida modesto, simples e não violento com os princípios de uma economia sadia facilitaria a formação de uma sociedade resiliente em todos os aspectos: espiritual, social e ético. Ele chegou à conclusão de que sua tarefa e a de sua geração seria a de uma "reconstrução metafísica".

Sua convicção não era tão somente uma reação emocional, mas se baseava em evidências intelectuais e empíricas de que a indústria moderna engole recursos naturais demais e realiza de menos. Schumacher afirmava: "Um sistema industrial que usa 40% dos recursos primários do mundo para abastecer 6% da população mundial (a dos países ricos) só poderia ser chamada de eficiente se obtivesse resultados excelentes em termos de felicidade humana, bem-estar, cultura, paz e harmonia". Para ele era evidente que os países economicamente desenvolvidos, como os da Europa e os Estados Unidos, não tinham atingido o sucesso desejado em termos de sustentabilidade ambiental, coerência social ou felicidade humana, enquanto um país como a Birmânia, àquela época uma democracia florescente, predominantemente agrário, com uma classe pujante de artesãos e adesão aos princípios budistas da simplicidade e da não violência, era muito mais feliz e demandava menos recursos naturais.

Schumacher foi um dos raros economistas do mundo ocidental a enxergar a ligação intrínseca entre economia e ética. Ele queria que a sociedade trilhasse o caminho da não violência ao invés da violência, da cooperação com a natureza em vez de sua destruição, das soluções de baixo consumo de energia em vez das soluções brutais, perdulárias e desajeitadas das sociedades industriais, baseadas nos combustíveis fósseis e na energia nuclear. Estava convencido de que um estilo de vida fundamentado no materialismo, na expansão ilimitada da economia em um ambiente finito, não poderia durar muito.

Explicando sua visão de uma economia budista, ele escreveu que esta "[...] faria a distinção entre os recursos 'renováveis' e 'não renováveis'. Uma civilização construída com base em recursos renováveis como produtos agroflorestais já é, por este fator apenas, superior a outra baseada em recursos não renováveis como petróleo, carvão, metal, etc. Isso ocorre porque a primeira pode durar, enquanto a segunda não perdura. A primeira coopera com a natureza, enquanto a última rouba da natureza. A primeira carrega o signo da vida, ao passo que a última carrega o signo da morte. Já é certo, sem qualquer sombra de dúvida, que as economias 'petróleo-carvão--metal' não podem ser nada além de uma anormalidade na história da humanidade. A Nova Economia seria um autêntico 'Estatuto de Limitação' – o que significa ser também um Estatuto de 'Liberação'".

Repetidas vezes ele enfatizou que "a economia não é uma ciência exata; na verdade ela é, ou deveria ser, algo muito maior que isso: um ramo da sabedoria". Schumacher chegou à conclusão de que a vida, que engloba a economia, só vale a pena ser vivida se for um processo imprevisível, revelador e novo, e se for vivida como uma peregrinação.

A PEREGRINAÇÃO DE SCHUMACHER

Schumacher iniciou sua própria peregrinação escapando da Alemanha nazista em 1937. Enquanto seu cunhado Werner Heisenberg, o físico quântico, decidiu ficar no país, Schumacher, que havia sido bolsista na Universidade de Oxford, afirmou que a luta contra o nazismo só poderia ser liderada de fora da Alemanha e foi viver na Inglaterra. Mas quis o destino que ele fosse considerado um estrangeiro suspeito, e assim ele foi preso. Foi então que seu amigo David Astor, dono e editor do jornal *Observer*, ofereceu-lhe uma casa em sua propriedade e um trabalho em sua fazenda. Esse foi o começo de sua jornada de profunda valorização do mundo natural e de sua afinidade com ele. Schumacher ficava completamente à vontade trabalhando com as mãos, cultivando o solo, cuidando dos animais e convivendo na natureza – fizesse sol, chuva, vento ou nevasse. Lá estava um economista de Oxford sujando as mãos no solo, o que por fim o levou a ser presidente da Soil Association e a lutar pela agricultura orgânica, pelo cuidado amoroso e terno das plantas, árvores, animais e de todas as criaturas vivas.

A certa altura ele adquiriu um terreno de quatro acres em Caterham, ao sul de Londres, e se dedicou ao cultivo de verduras, legumes, ervas, flores e árvores frutíferas. Seu filme *On the Edge of the Forest* [Nos limites da floresta] foi uma afirmação profunda da unidade entre a natureza e a humanidade. Ele acreditava firmemente que, para cultivar o respeito e a reverência pela natureza, é importante mudar nossa consciência de uma ideia de posse para uma ideia de relacionamento. Não possuímos terras, florestas, animais ou rios; somos simples depositários dos recursos naturais que estão sob nossos cuidados. Devemos reconhecer seu valor intrínseco. Nosso dever e responsabilidade é cuidar deles sem poluí-los, esgotá-los ou exauri-los.

"Um grama de prática vale mais que uma tonelada de teoria", dizia ele. E assim ele praticava aquilo que pregava. Era conservacionista, ecologista e protetor da vida selvagem, mas, acima de tudo, vivia seus ideais na vida cotidiana. Seu amigo agricultor Sam Mayall, que também pertencia à Soil Association, era quem lhe fornecia trigo orgânico. "Quero saber de onde exatamente vem a minha comida", Schumacher dizia. Tinha um pequeno moinho para fazer sua farinha. Toda semana ele fazia pão para a família. As frutas, legumes, verduras e ervas vinham de seu jardim, que ele cultivava com profunda devoção. Alimentava o solo com a compostagem que ele mesmo fazia. Ele acreditava que "se você cuida do solo, o solo cuida do resto".

Schumacher foi também o conselheiro-chefe de estatística do National Coal Board britânico e pertencia a uma família de grandes cientistas e intelectuais. Mesmo assim, o budismo, o ambientalismo, a panificação, a jardinagem, os moinhos de vento e a energia solar o atraíam. Isso foi nas décadas de 1960 e 1970, quando coisas assim eram consideradas estranhas e marginais. As pessoas o achavam bem esquisito e o chamavam de biruta. Ele respondia: "O que há de errado em ser biruta? Uma biruta é um instrumento pequeno e simples que mostra a direção a muita gente". Seu livro *Small is Beautiful* se mostrou revolucionário e revolucionou os corações e mentes de milhões de pessoas.

> " Schumacher acreditava firmemente que, para cultivar o respeito e a reverência pela natureza, é importante mudar nossa consciência de uma ideia de posse para uma ideia de relacionamento. "
> SATISH KUMAR

O LEGADO DE SCHUMACHER

Em 1973, quando o livro de Schumacher estava prestes a ser publicado, o fundador da revista *Resurgence*, John Papworth, me ofereceu o posto de editor na redação.

Fiquei em dúvida entre aceitar ou não aquela honra. Quando falei com Schumacher sobre isso, ele percebeu minha hesitação.

"Qual é o problema? Você será um excelente editor", disse Schumacher.

"Mas eu queria voltar para a Índia", respondi.

"Por quê?"

"Gostaria de continuar trabalhando com os gandhianos."

"Satish, existem muitos gandhianos na Índia. Precisamos de um na Inglaterra. Então por que não aceitar essa oferta e fazer da *Resurgence* uma *voz* da filosofia gandhiana no Ocidente?"

Aquele argumento foi muito persuasivo. Minha hesitação desapareceu:

"Está certo, vou aceitar a editoria a conselho seu, mas precisarei do seu apoio. Você se compromete a escrever um artigo para cada número da revista?", perguntei.

"Negócio fechado", ele respondeu.

Fiquei extasiado. Schumacher foi fiel à sua promessa até sua morte, em 1977. Seus 35 artigos para a *Resurgence* estão publicados em forma de coletânea, intitulada *This I Believe* [É nisto que acredito].

Minha relação de trabalho de quatro anos com Schumacher se transformou numa amizade profunda. Depois de receber seus artigos, eu telefonava para ele e conversávamos sobre o assunto. Frequentemente discutíamos ideias e temas para a revista, bem como filosofia, política, religião e muitas coisas mais.

Quando ele morreu, senti que, embora tivesse partido fisicamente, sua visão e seus valores continuariam inspirando as gerações futuras. Para mim era uma responsabilidade sagrada manter viva a sua visão, desenvolvê-la e levá-la à atenção do público em geral e do movimento ambiental em particular. Guiado por esse compromisso e paixão, reuni vários de seus amigos e alguns ambientalistas e, em 1977, criamos a Schumacher Society e o Annual Schumacher

Lectures, na cidade de Bristol, Inglaterra. Em 1982 fundamos a Small School, na cidade de Hartland, para educar crianças entre 11 e 16 anos; em 1983, iniciamos o Human Scale Education Movement para apoiar pequenas escolas inovadoras; e em 1991, fundamos o Schumacher College para estudos de valores ecológicos e espirituais e aprendizado transformador.

Assim, o trabalho e o legado de Schumacher no Reino Unido continuam florescendo. Sociedades semelhantes foram fundadas nos Estados Unidos, na Alemanha e na Índia. O trabalho do Intermediate Technology Development Group, fundado por Schumacher, caminha de vitória em vitória sob o novo nome de Practical Action, atuando em vários países em nível de base, promovendo ferramentas para o desenvolvimento sustentável, holístico e ecológico. Do mesmo modo, o trabalho da Soil Association, da qual ele foi presidente, é uma expressão contínua dessa abordagem da terra e da agricultura. O trabalho da New Economics Foundation, o Centre for Alternative Technology and Friends of the Earth, está levando a abordagem de Schumacher para a arena das políticas públicas e influenciando o ambiente político no Reino Unido e mundo afora. A revista *Resurgence* agora se fundiu à *Ecologist* e tornou-se uma publicação emblemática da filosofia schumacheriana, articulando sua visão holística através da arte, da poesia e de artigos sobre política, economia, ecologia e ética.

Neste momento, quando o mundo enfrenta crises globais agudas como o aquecimento, a pobreza e a dívida globais, além de um vácuo moral, as soluções simples propostas por Schumacher podem ser nossa salvação: pense no pequeno, aja no local e trabalhe a partir de sólidos alicerces morais. Era isso o que ele queria dizer com reconstrução metafísica. Estamos maduros para isso e a hora é agora. Aceitemos o desafio.

7
NOVO PARADIGMA *VERSUS* VELHO PARADIGMA

> *No novo paradigma, a Terra é Gaia, um organismo vivo, uma comunidade biótica, um sistema vivo autorregulador e autossustentável.*

NOVO PARADIGMA *VERSUS* VELHO PARADIGMA

Solo, Alma e Sociedade formam uma trindade para um novo paradigma. Precisamos trocar o velho paradigma de fragmentação, dualismo, desconexão e divisão pelo novo paradigma da integralidade, conexão e inter-relação.

Na visão do velho paradigma, a economia se baseia no princípio da linearidade: tome, use e jogue fora. No novo paradigma, a economia será cíclica, como na natureza: tome com gratidão, use com moderação, reponha tudo o que for tomado e coloque as sobras de volta na terra, como compostagem. Sem desperdício, sem poluição e sem esgotamento.

No velho paradigma, o crescimento econômico deve ser buscado a qualquer custo. Pelo novo paradigma, o crescimento da economia não tem importância. O que importa é o crescimento do bem-estar e da felicidade. Num país como o Butão, onde o produto nacional bruto (PNB) está sendo substituído pela felicidade nacional bruta (FNB), temos um exemplo de um passo dado em direção ao novo paradigma.

No velho paradigma, o desenvolvimento direcionado aos pobres tem contornos de ajuda ou caridade, mas no novo paradigma devemos examinar as causas da pobreza e trabalhar para alcançar justiça social e solidariedade. Pelo velho paradigma, o desenvolvimento vem de fora para dentro. Economistas e políticos olham para os pobres e dizem: "Vocês precisam de estradas, hospitais, escolas e indústrias; então traremos gente de fora para construí-los para vocês e vocês nos pagarão na forma de aluguéis, seguros, pedágios e impostos". Já segundo o novo paradigma, quem vem de fora deve abrir mão do controle e da posse dos recursos locais, respeitar a tradição, a cultura, a sabedoria, a medicina e o estilo de vida locais, para que a comunidade consiga se erguer com seus próprios pés e se desenvolver de dentro para fora. Se os que vêm de fora desejam sincera e genuinamente ajudá-los, devem tornar-se parte dessa comunidade, viver com ela e ganhar a vida usando os recursos que ela oferece.

No velho paradigma, presta-se atenção a padrões de vida mais altos e ao fornecimento de carros, computadores e outros bens de consumo. Pelo novo paradigma, o que importa é a qualidade de vida, não a quantidade de posses. O que importa é saúde, criatividade, cultura, trabalho manual, alimento, família, amizade, mutualidade e tempo para ser, em vez da luta constante para ter.

Pela ótica do velho paradigma, quanto maior, melhor. Grandes represas, fábricas, corporações, empresas, forças armadas e governo. De acordo com o novo paradigma, porém, o pequeno é que deve ser celebrado: não se valoriza o tamanho, mas a substância.

As cidades são o centro do progresso segundo o velho paradigma. Quarteirões apinhados de arranha-céus, bancos glamorosos, cassinos sedutores, *shopping centers* tentadores são considerados símbolos da civilização. Mas de acordo com o novo paradigma, uma cultura da agricultura, o cuidado com as áreas rurais e com a integridade de suas comunidades, o apreço pelo papel das feiras, a conservação da natureza e a renovação das habilidades manuais e modos de produção artesanal são supremos.

> " No novo paradigma, o pequeno é que é celebrado: não se valoriza o tamanho, mas a substância. "
> SATISH KUMAR

Pela ótica do velho paradigma, as máquinas dominam, a mecanização é melhor que o trabalho manual, o progresso é medido pela quantidade de trabalho feito por máquinas, deve haver uma solução tecnológica para cada problema e até mesmo para cada necessidade humana. No olhar do novo paradigma, porém, há dignidade no trabalho humano. Servir, fazer, produzir, construir, jardinar, cozinhar e incontáveis outras atividades humanas têm valor intrínseco. A máquina é um auxílio para as mãos humanas, não um substituto para elas. Máquinas são bem-vindas como ferramentas, como servas, mas não como senhoras.

A monocultura lidera o caminho do velho paradigma. Cadeias de lojas estão presentes em todas as ruas importantes. As mesmas marcas, as mesmas roupas, os mesmos alimentos e os mesmos restaurantes estão à disposição em qualquer lugar. A mesma arquitetura se ergue em todas as cidades do mundo. O novo paradigma, por sua vez, atribui papel central à diversidade cultural, e a biodiversidade é essencial às organizações sociais e assentamentos humanos. As diferenças locais em todos os aspectos da vida são de suma importância. Queijo, vinho, artesanato, comida, roupas, músicas e danças locais são incentivados, promovidos e preservados, ao mesmo tempo em que se respeita a cultura de outros países e se aprende com ela.

No velho paradigma, a globalização é a espinha dorsal do comércio. Os países se especializam em poucos produtos e os exportam para o mundo inteiro para servir à economia global. Em nome da vantagem comparativa, incentiva-se a competição. Fusões, aquisições e monopólios favorecem os fortes e poderosos e penalizam os fracos. O darwinismo social da sobrevivência do mais forte rege o mercado e governa o comércio internacional. Sob o novo paradigma, no entanto, dá-se preferência ao pequeno e local. O comércio não serve apenas para troca de bens e maximização do lucro, mas é também uma maneira de melhorar os relacionamentos humanos. A interdependência é celebrada como forma de promover a amizade. Ao contrário da globalização, a localização assegura a sustentabilidade ambiental e a resiliência da comunidade local.

Pela ótica do velho paradigma, as decisões são tomadas no topo, como se quem lá está soubesse melhor das coisas. Regras e regulamentos são criados, leis são aprovadas, impostos recolhidos e a justiça imposta a partir da capital da nação, onde estão localizados os parlamentos, as supremas cortes, as administrações públicas e sedes de bancos e empresas. No novo paradigma, o princípio da subsidiariedade é observado diligentemente. Confia-se nas pessoas da base para conduzir e gerenciar seus próprios negócios. As organizações centrais se restringem a empreendimentos que necessitam de uma decisão central; caso contrário, as comunidades locais são dotadas de poder para decidir por si mesmas como gerenciar a saúde, a educação, o policiamento, a taxação, o transporte e as demais atividades necessárias.

> No novo paradigma, o princípio da subsidiariedade é observado diligentemente. Confia-se nas pessoas da base para conduzir e gerenciar seus próprios negócios. As organizações centrais se restringem a empreendimentos que necessitam de uma decisão central.
>
> SATISH KUMAR

O método científico é reducionista e considerado a única forma de saber, a fonte exclusiva da verdade do velho paradigma. Se algo não pode ser medido, analisado e definido, a tendência é pensar que aquilo não existe. Mas pela ótica do novo paradigma há muitas formas de saber, inclusive o saber científico. Intuição, religião, sentimentos, mitologia e contação de histórias recebem *status* idêntico ao da razão. Além do conhecimento empírico, a visão indígena também é respeitada. "A ciência sem a religião é cega e a religião sem a ciência é manca", afirmou Albert Einstein. O novo paradigma é holístico e inclusivo.

O velho paradigma é mecanicista. A Terra é comparada a uma máquina inanimada, considerada matéria morta. Pelo novo paradigma a Terra é Gaia, um organismo vivo, uma comunidade biótica, um sistema vivo autorregulador e autossustentável. O velho paradigma é dualista, conforme definido por René Descartes, e seguido por muitos, senão todos os estabelecimentos científicos e educacionais. Nesse dualismo, a mente é separada da matéria e superior a esta. Já o novo paradigma é não dualista: mente e matéria são um todo inseparável. A física quântica é a física do novo paradigma, em que não há distinção entre o observador e o observado.

O velho paradigma é hierárquico, seja ele representado pelo sistema de classes do Ocidente ou pelo sistema de castas do Oriente. Esses sistemas estão fincados na noção de superioridade e inferioridade. Suas empresas funcionam seguindo uma estrutura de chefes e trabalhadores. As ordens religiosas têm papas e padres, aiatolás e mulás, gurus e discípulos. O povo sofre com a imposição de hierarquias de cor, raça e gênero, e os seres em geral padecem com o especismo. O novo paradigma se baseia em redes. Todos os seres estão inter-relacionados e são ligados através de uma evolução e origem comuns, e todas as pessoas partilham de uma humanidade comum. A Terra é uma teia de vida e uma comunidade biótica.

> " Todos os seres estão inter-relacionados e ligados através de uma evolução e origem comuns, e todas as pessoas partilham de uma humanidade comum. A Terra é uma teia de vida e uma comunidade biótica. "
>
> Satish Kumar

O velho paradigma se baseia no controle, seja ele exercido pelo poder de forças militares, do dinheiro ou do conhecimento. O controle sobre os outros está enraizado na educação, na governança e nos sistemas econômicos. Os dirigentes querem estar no controle e têm medo de perdê-lo. O novo paradigma, por sua vez, se baseia no conceito de participação. As pessoas participam do processo da vida. Elas seguem o fluxo, aceitam o que é e o que quer que surja. Estão abertas ao fenômeno revelador da imaginação e da criatividade humanas, e às formas e padrões da natureza em constante mudança.

Esse novo paradigma está construído sobre os alicerces Solo, Alma e Sociedade.

8
O UNIVERSO BENEVOLENTE

" Existe uma alma do mundo, anima mundi, da qual somos parte integrante. Uma alma de que se cuida nos traz alegria e felicidade. "

O UNIVERSO BENEVOLENTE

Vivemos num universo benevolente. O solo é absolutamente benevolente. Dá condições para uma semente germinar, nascer, crescer e realizar seu potencial. É o solo que segura as raízes de uma árvore por todo o seu período de vida, para que ela permaneça forte e espalhe seus galhos em direção ao céu, recebendo energia do sol e realizando a fotossíntese.

A benevolência do solo é sem fim; ajuda uma única semente a se multiplicar em milhões de sementes por séculos, produzindo frutos coloridos, aromáticos e suculentos, alimentando pássaros, abelhas, humanos e animais. A árvore celebra a benevolência do solo e, em troca, torna-se benevolente também, oferecendo seus frutos a quem quer que deles precise, incondicionalmente e sem julgamentos: um pecador ou um santo, um poeta ou prisioneiro, um príncipe ou camponês. A árvore dá a madeira com que se faz uma cadeira, o galho em que o pássaro constrói seu ninho e oxigênio para manter a vida.

A benevolência do sol vai além do que as palavras podem descrever. Ele se queima para manter a vida; faz com que a Terra e todos os seres sobre ela se movam. O sol amadurece os grãos para alimentar todos os seres, humanos ou não humanos igualmente. Dá as condições para todo o reino vegetal se alimentar através da fotossíntese e nutre as bactérias, insetos, pássaros e animais.

A lua é benevolente. Mantém o ciclo da vida e o ciclo do tempo. O tempo e as marés são sustentados por sua presença. A lua é a santa padroeira dos poetas e pintores, a personificação dos princípios femininos.

A chuva é benevolente. Emerge do oceano, viajando na carruagem das nuvens, e se entrega a cada plantação, campo, floresta, montanha e *habitat* humano gratuitamente, sem necessitar de qualquer fornecimento externo de energia. Umedece o solo, mata a sede, enche os rios, lagos, lagoas e poços e, em parceria com o sol, alimenta o mundo.

O fogo é benevolente – está em nosso ventre e em nossas lareiras. Lá está ele para purificar, aquecer, iluminar, cozinhar, digerir, decompor e liberar. Até mesmo um incêndio florestal é fonte de regeneração. Em nossa ignorância e ira, podemos usar o poder do fogo com maus propósitos, mas nosso desafio é subjugar a ignorância e a ira e desenvolver o relacionamento certo com o poder do fogo. A benevolência do fogo é de uma ordem diferente da do solo e do sol; não obstante, o fogo é benevolente e sem ele não pode haver vida.

O ar é benevolente. Respiro; logo, existo. O ar é ligado ao espírito, à inspiração, à espiritualidade. Todas as criaturas são sustentadas pelo mesmo sopro da vida. O ar é o sopro de Brahman, o sopro do universo, o sopro de Deus. Em sânscrito, ar é *prana*, que significa a própria vida. Em chinês, é *chi*, que significa fonte da energia. Somos abençoados quando recebemos uma lufada de ar fresco. Nossas roupas e lares são renovados quando arejados. Falta de ar causa entupimento, obstrução. O ar é eterno e verdadeiramente benevolente.

O espaço é benevolente. Tudo e qualquer coisa se mantém no espaço e pelo espaço. Todos os movimentos, todas as mudanças e todo tipo de dinamismo são sustentados na imobilidade do espaço. Precisamos estar sempre atentos para reduzir nossa acumulação e ter espaço, para que sejamos desapegados e livres.

A alma é benevolente. Compaixão, bondade, generosidade e luminosidade interior são as qualidades da alma. A mente, a inteligência e a consciência são abrigados e processados pela alma. A alma é a semente da vida. Sentimentos, emoções, intuição e razão passam pela alma e se manifestam ao mundo. É a alma que guarda a memória. Não só os seres humanos têm alma: animais, pássaros, insetos e micróbios têm alma. O solo, as árvores, as rochas e rios têm alma. Até mesmo um lar tem alma. Uma casa sem alma não é boa para se viver. Existe uma alma do mundo, *anima mundi*, da qual somos parte integrante. Uma alma bem cuidada nos traz alegria e felicidade.

A sociedade é benevolente. Todos e cada um de nós, juntos, fazemos a sociedade, a comunidade humana. As línguas, a cultura, a literatura, as artes, a arquitetura, a agricultura, o conhecimento, a ciência, tudo isso e tantas outras coisas são criadas pela sociedade e compartilhadas pela humanidade. Não pagamos *royalties* por falar inglês ou francês, sânscrito ou chinês. Mitos e lendas, peças e poemas são passados de geração em geração, oralmente ou por escrito. Sem sociedade não existe civilização nem cultura. Até pessoas estranhas são benevolentes para com outros estranhos e oferecem hospitalidade. Os sãos ajudam os doentes, os jovens ajudam os velhos, os ricos ajudam os pobres. Há benevolência em todo lugar. Herdamos a sabedoria dos povos indígenas. Recebemos a religião de grandes mestres como Maomé, Mahavira, Moisés, o Buda, Jesus Cristo e Lao Tsé. O que ganhamos no decorrer da longa história da humanidade é incomensurável. Temos uma dívida impagável para com a sociedade, mas não se exige de nós nenhum pagamento.

> 66 Se você olhar para o mundo com olhos benevolentes, ele lhe devolverá benevolência. 99
> SATISH KUMAR

As famílias são benevolentes. Nascemos do amor. Nossos pais se amaram, se abraçaram e nos conceberam no amor. Nossa mãe nos deu a segurança de seu útero e nos carregou em seu ventre até estarmos prontos e fortes o suficiente para abraçar o mundo. O universo benevolente põe leite nos seios de nossa mãe para que sejamos nutridos com seu amor. Nossos pais, tios e tias mantiveram seus olhos benevolentes sobre nós para nos assegurar uma criação sadia. Nossos pais trabalharam duro para nos dar tudo de que precisamos e muito mais, e nos deram um senso de responsabilidade para que pudéssemos compartilhar nosso amor com nossos filhos e garantir a continuidade da benevolência.

Médicos, enfermeiros, professores, motoristas de táxi, de trem e de ônibus são benevolentes. É graças a eles que podemos visitar nossos amigos e nossa família, fazer nossas atividades diárias e cuidar de nossas responsabilidades.

O mundo é como você o vê e aquilo que você faz dele. Se você olhar para o mundo com olhos benevolentes, ele lhe devolverá benevolência. Se você projeta nele suspeitas e interesses próprios, receberá o mesmo em troca. Confiança gera confiança e medo gera medo. Reconhecer a benevolência do universo não é negar seu lado sombrio; no entanto, ver a natureza com garras afiadas e as pessoas como sendo egoístas e gananciosas nos fará responder de maneira semelhante. Se semearmos sementes de malevolência, a malevolência crescerá; se semearmos benevolência, é a benevolência que vai crescer.

Um viajante passava por um vilarejo e perguntou a uma pessoa que viu à sua entrada: "Como é o próximo vilarejo? As pessoas são simpáticas?".

A pessoa respondeu ao viajante com outra pergunta: "Como era o vilarejo de onde você está vindo?".

"Ah, era horrível", disse o viajante. "As pessoas eram antipáticas e indiferentes, algumas até hostis."

"O próximo vilarejo é parecido", foi a resposta. E assim o viajante seguiu caminhando com uma expressão de ansiedade.

Depois de um tempo, outro viajante parou e fez a mesma pergunta: "Como é o próximo vilarejo?".

Novamente a pessoa respondeu com a mesma pergunta: "Como era o vilarejo de onde você está vindo?".

Desta vez a resposta foi diferente: "Ah, era muito bom! As pessoas eram simpáticas, prestativas e hospitaleiras", disse o viajante.

E a pessoa do vilarejo respondeu: "O próximo vilarejo é parecido".

Se você projeta benevolência, recebe benevolência em troca. Essa é a moral da história e todos nós a entendemos facilmente quando ouvimos uma história assim. Mas quando se trata de conflitos raciais, religiosos ou nacionais, perdemos nossa confiança e desempenhamos um papel diferente.

Apesar da natureza inata da bondade humana, o mundo enfrenta diversos conflitos. Palestina contra Israel, Irã contra Estados Unidos e Índia contra Paquistão são alguns dos que persistem há mais de 60 anos e parece não haver luz no fim do túnel. Mas suponhamos que os líderes dos Estados Unidos dissessem ao governo do Irã: "Queremos ser seus amigos. Não temos nenhum desejo de minar seus interesses nacionais nem de interferir em seus negócios internos. Nunca faremos nada para prejudicar o seu povo. Venderemos nossos bens a vocês por um preço justo, compraremos seu petróleo a um preço justo e nunca usaremos nossa força militar contra vocês. Além disso, reduziremos progressivamente nosso arsenal de armas nucleares. Se houver qualquer discordância entre nossas duas nações, negociaremos com vocês através da ONU e de outros canais diplomáticos. Não nos temam. Desejamos tratá-los como iguais". Isso seria uma demonstração de benevolência.

Então, suponhamos que o governo do Irã dissesse: "Não queremos, de modo algum, prejudicar os interesses nacionais dos Estados Unidos nem atacaremos Israel. Vamos nos sentar e não vamos parar de negociar até encontrarmos uma solução e um resultado justos para nossos companheiros muçulmanos, os palestinos. Eles já sofreram demais. Agora é hora de oferecer-lhes termos e condições justos. Só utilizaremos meios pacíficos e não violentos para resolver nossos problemas". Com tal declaração de benevolência, seria impossível tanto para os Estados Unidos quanto para o Irã se envolver em ameaças, ultimatos, suspeitas e boicotes.

Declarações de benevolência semelhantes poderiam ser trocadas com convicção genuína e crença sincera por qualquer uma das partes de um conflito, mas, muitas vezes, por detrás de um véu de diplomacia, há ameaças e ultimatos, suspeitas e desconfianças. As nações gastam bilhões e bilhões de dólares, veem seus jovens serem mutilados em guerras, mas relutam em usar uma linguagem de confiança e bondade. A benevolência é uma maneira simples e efetiva de resolver todos os conflitos, seja imediatamente ou com o tempo, ao passo que guerra produz guerra, suspeitas geram suspeitas e ódio gera ódio. Já vivenciamos tanto ao longo da história, mas nos recusamos a aprender com ela. Os políticos, militares e comerciantes de armas têm uma fé cega no poder das armas e das bombas, mesmo que, no final das contas, apenas as negociações tenham sucesso. Os políticos são impelidos a negociar apenas depois de já estarem exauridos, seja no Vietnã ou na Irlanda.

O *apartheid* terminou através da benevolência. O Muro de Berlim caiu e os estados satélites da União Soviética se libertaram pela benevolência de Mikhail Gorbachev e outros líderes russos iluminados. A União Europeia se tornou realidade após séculos de conflito graças à visão, sabedoria, coragem e benevolência dos promotores do Tratado de Roma. O colonialismo terminou em muitos países pela negociação, e não pela violência. A escravidão chegou ao fim porque muitos proprietários de escravos começaram a escutar a própria consciência e viram que era uma aberração moral ser dono de outros seres humanos. A discriminação racial nos Estados Unidos tornou-se ilegal através da não violência e da luta benevolente de líderes dos direitos civis como Martin Luther King. Como resultado, tivemos um negro na Casa Branca.

Já que a história da benevolência é tão bem-sucedida, não há lógica ou razão para não adotá-la, mas algumas pessoas me chamam de ingênuo e não realista. Pois bem: o que os realistas têm a mostrar como resultado de seus esforços? O que conseguiram? Milhões de mortos em guerras. Milhões morrendo de fome. Milhões de pessoas sem teto e sem emprego, apesar da abundância de recursos da natureza, da tremenda quantidade de tecnologia e de trilhões de dólares voando pelo mundo a cada minuto. Se isso foi o que os realistas conseguiram, então o que há de tão bom em ser realista? Sob o olhar atento dos chamados realistas, os oceanos estão sofrendo com poluição e pesca predatória, a biosfera está saturada com gases de efeito estufa e a população está explodindo além da capacidade da Terra. Se essa é a conquista dos realistas, então este é o momento de dizer adeus aos realistas e dar uma chance aos idealistas.

> Já que a história da benevolência é tão bem-sucedida, não há lógica ou razão para não adotá-la.
> SATISH KUMAR

Os idealistas, porém, precisam construir um movimento de benevolência. Neste momento há indivíduos benevolentes e organizações benevolentes, mas não há nenhum movimento como havia contra a escravidão e o *apartheid*. A Soil Association, os Amigos da Terra, o Greenpeace, o WWF, o RSPB, o CPRE, o National Trust e outras ONGs e organizações semelhantes que se ocupam da vida rural, da conservação do solo e da natureza trabalham, em sua maioria, isoladas dos grupos de espiritualidade e justiça social. Da mesma forma, grupos religiosos, grupos da Nova Era, grupos de ioga e centros de meditação centram seu foco unicamente no cuidado da alma e no desenvolvimento pessoal. Enquanto isso, organizações que trabalham pela justiça social como a Oxfam, o World Development Movement e a Médecins Sans Frontières [Médicos Sem Fronteiras] lutam apenas em seu próprio canto. Os movimentos pela justiça ambiental e social e pela renovação espiritual são três aspectos da benevolência. Se todos se reunissem e trabalhassem juntos, haveria um forte movimento pela transformação, pela mudança e criação de um novo paradigma.

Não estou defendendo que as organizações se fundam. Para falar a verdade, é bom que elas mantenham suas identidades organizacionais, mas ainda assim desenvolvam um manifesto comum pelos ideais de sustentabilidade ambiental, realização espiritual e justiça social. Ao se darem as mãos, elas estarão fortalecidas para influenciar criadores de políticas públicas, líderes empresariais, a mídia, a academia e o público em geral. Se ficarem lado a lado e trabalharem juntas, sua força e sua influência se multiplicarão por dez: *1 + 1 = 11*. Precisamos criar um movimento de benevolência e não violência através do exemplo, do argumento e da ação prática.

Não que seja possível construir uma utopia da benevolência em que a malevolência seja erradicada, mas precisamos desafiar a institucionalização da malevolência na forma de militarismo, materialismo, consumismo e sectarismo. É possível lidar com um pouco de individualismo estreito e interesse próprio, mas quando instituições malevolentes assumem o controle e a benevolência é relegada à esfera pessoal, arriscamos nos perder e comprometer o bem-estar das pessoas e do planeta.

A liderança para a benevolência não virá de primeiros-ministros e presidentes do mundo, e a cultura da benevolência não será regida por parlamentos e senados. Essa liderança e essa cultura têm de emergir das bases. Consequentemente, os indivíduos e organizações comprometidos com o cuidado do solo, as qualidades da alma e a preocupação com a sociedade precisam trabalhar juntos para construir um movimento de base.

Esse movimento deve agir em dois níveis. O primeiro passo é resistir a instituições malevolentes e resistir àquelas que se dedicam a prejudicar a integridade da Terra, minando os valores espirituais e perpetuando a injustiça social e a exploração econômica. No passado, tal resistência foi oferecida por expoentes da libertação social e política como Mahatma Gandhi, Martin Luther King, Nelson Mandela e Aung San Suu Kyi.

Denunciar a loucura da violência institucionalizada é necessário para despertar as pessoas, mas o segundo passo é construir alternativas, desenvolver novos modelos e criar instituições que promovam a agricultura orgânica, o bem-estar animal, a proteção da vida selvagem, a conservação das florestas tropicais, o respeito por todas as religiões e o diálogo inter-religioso, a libertação de prisioneiros políticos, o desarmamento nuclear e geral, a promoção de cooperativas e a resolução de conflitos por meios pacíficos. A lista desse programa construtivo é inesgotável. Já existem muitos projetos maravilhosos, mas eles carecem de musculatura política e financeira para lutar com força.

Essa abordagem dupla é essencial para construir um movimento poderoso de transformação pessoal, social e ambiental. Esse objetivo só pode ser atingido quando conseguirmos nos erguer acima de nosso ego pessoal e organizacional. Temos de ir do ego para o eco, do g para o c. O ego só pensa em sucesso, poder e reconhecimento em nível pessoal, enquanto o eco funciona em comunidade – tanto a comunidade Terra quanto a comunidade humana. O eco é relacionamento; pensa em termos de sucesso e bem-estar coletivos.

A consciência pública sobre a sustentabilidade ambiental, a qualidade de vida e a justiça social aumentou a passos largos nos últimos 50 anos, desde a publicação do livro *Primavera silenciosa*, de Rachel Carson. Na década de 1960, a preocupação com a energia renovável em forma de energia solar e eólica despertava pouco interesse. O movimento pelo bem-estar animal e o vegetarianismo também era pequeno. A ideia de desenvolvimento girava inteiramente ao redor dos conceitos de ajuda e caridade, da ocidentalização do sul do planeta e da industrialização das sociedades agrárias. Hoje em dia, vivemos em um mundo diferente. As evidências do aquecimento global e do esgotamento dos combustíveis fósseis despertaram as pessoas. A quantidade de membros de organizações ambientais é maior que a de membros de partidos políticos; portanto, há razões para otimismo e esperança. A monocultura industrial e os sistemas de produção em massa são um piscar de olhos quando colocados na perspectiva do tempo geológico. Civilizações surgiram e desapareceram. As estruturas do imperialismo e do colonialismo estão seriamente diminuídas. Não há qualquer garantia de que a economia dependente de combustíveis fósseis, antinatureza e globalizada vá durar; aliás, ela já mostra sinais de cansaço. O que foi criado por seres humanos pode ser modificado por seres humanos. Precisamos construir um movimento com toda a coragem das nossas convicções.

Todos os governos do Ocidente estão lutando para sustentar o crescimento econômico. O ideal de pleno emprego tornou-se irrealizável. A confiança nos políticos e na mídia atingiu seu nível mais baixo em todos os tempos. A realização pessoal e a satisfação no emprego estão cada vez mais raras. As sociedades industrializadas estão aprisionadas em uma crise que é tanto espiritual quanto ambiental e econômica. Os banqueiros não sabem gerir o dinheiro, os políticos não sabem fazer a paz e os economistas não sabem gerar empregos. A sociedade de consumo está confusa. Portanto, estamos no momento certo para uma grande mudança. Movimentos espirituais, sociais e ambientais precisam aproveitar a oportunidade e mostrar que um outro mundo é possível, um mundo em que a natureza é respeitada, onde a compaixão e a cooperação são valorizadas e onde as pessoas vêm antes do lucro. Podemos iniciar e pôr em prática a grande transição de uma economia capitalista para uma economia ecológica e valorizar a riqueza natural acima da financeira. O dinheiro e as finanças têm seu lugar, mas é lá que devemos deixá-los, e não permitir que dominem todo o nosso estilo de vida.

Esta visão holística, em que as dimensões naturais, espirituais e sociais se juntam numa realidade integrada, é uma necessidade urgente. Temos de ver o elefante inteiro, e não uma ou outra parte, como fizeram os seis cegos. De acordo com essa história, seis cegos encontraram um elefante. Um deles tocou sua tromba; outro, seus dentes; o terceiro sentiu sua perna; o quarto tocou sua orelha; o quinto, a barriga; e o sexto, a cauda. Todos eles pensavam saber como era um elefante. Quando o elefante se foi, começaram a trocar suas impressões sobre ele.

"Sei que um elefante é como uma imensa cascavel, longo e sinuoso", disse o primeiro cego.

"Não, não, você está errado. Ele é duro e pontudo, como uma pedra esculpida", retrucou o segundo.

"De jeito nenhum!", exclamou o terceiro. "Um elefante é como um pilar: redondo e alto."

"Você também está errado, meu amigo", disse o quarto. "Um elefante é fino e achatado, como um leque."

"Sinto informar que nenhum de vocês acertou", afirmou o quinto cego. "Ele é grande e arredondado, como o fundo de uma grande cuia."

"Não, não e não! Eu o segurei, ele é como uma corda flexível e forte", disse o sexto cego.

Estavam eles discutindo e a ponto de se atacarem quando um homem parou para observar toda aquela comoção. E quando se deu conta do que estavam falando, riu e disse: "Parem, seus tolos! A parte do elefante que parece uma cobra é sua tromba, a que parece uma pedra são seus dentes, a que se assemelha a um leque é sua orelha, a parecida com um pilar é sua perna, aquela semelhante a uma cuia é sua barriga e a parte que parece uma corda é sua cauda. Todas essas partes juntas formam um elefante".

"Obrigado, cavalheiro", responderam os cegos. "Agora compreendemos."

Essa parábola nos faz entender que todos podemos ter uma parte da solução, mas precisamos conhecer o grande contexto para construir um movimento efetivo. Esse grande contexto tem dimensões ecológicas, espirituais e sociais contidas na trindade Solo, Alma e Sociedade.

Bibliografia

I Won't Let You Go - Selected Poems. Rabindranath Tagore. Trad. de Ketaki Kushari Dyson. UK: Bloodaxe, 2010.

Purabi: A Miscellany in Memory of Rabindranath Tagore, 1941-91. London: The Tagore Centre, 1991.

"A Poet's School". Ensaio de Tagore em *Pioneer in Education*. Visva Bharati, 1961.

Small is Beautiful: Economics as if People Matter. E. F. Schumacher. London: Vintage Books, 1993. [*O negócio é ser pequeno*. Rio de Janeiro: Zahar, 1983, 4ª ed.]

Alias Papa: A Life of Fritz Schumacher. Barbara Wood. Oxford University Press, 1985.

Agradecimentos

Trechos de *Purabi: A Miscellany in Memory of Rabindranath Tagore, 1941-91*, referentes à correspondência entre Tagore e Leonard Elmhirst, foram gentilmente cedidos para reprodução pelo Dartington Hall Trust. Trechos de *I Won't Let You Go – Selected Poems*, de Rabindranath Tagore, foram gentilmente cedidos para reprodução por Ketaki Dyson e pela Bloodaxe Books.

Outros livros de Satish Kumar

Small World, Big Ideas. Publicado por Leaping Hare Press.

No Destination: An Autobiography
You Are, Therefore I Am: A Declaration of Dependence
Spiritual Compass: The Three Qualities of Life [Bússola espiritual. São Paulo: Editora Pensamento, 2010.]
Earth Pilgrim
The Buddha & the Terrorist: The Story of Agulimala
Todos publicados por Green Books.

Simplicidade elegante: A arte de viver bem em nosso precioso planeta. São Paulo: Palas Athena Editora, 2020.

ÍNDICE REMISSIVO

agricultura 98-99, 109-110, 138, 143-144
ahimsa, ver não violência
alma
   anima mundi 28, 157, 160
   benevolência da 159-160
   cuidado da 14, 27-30, 65-66
ar 159
Astor, David 145
atenção plena 55
ativismo 34, 93, 97, 98, 103
atman 28
Aung San Suu Kyi 166
autocontrole 15, 16, 63, 64, 65, 66, 72, 89
autodisciplina 15, 16
autogoverno 73-78

Bacon, Francis 26, 112
beleza 46-48, 130
benevolência 158-169
Bento, São 80
Bhagavad Gita 15, 16, 20, 24, 27, 29, 32, 33, 34, 86-87
Bhave, Vinoba 11, 15, 16, 24, 25, 32, 86-87
bhoomi lakshmi 99
Bhoomisparsha mudra 56
Blond, Anthony 129-130
Brahman 121-125, 159
Brown, Jerry 130
Buda 15, 33, 52, 56-59, 67, 70, 160

Capital 110, 137
Carson, Rachel 129, 167
Carter, Jimmy 130

Centre for Alternative Technology [Centro de Tecnologia Alternativa] 158
Cézanne, Paul 26
Chandogya Upanishad 120-125
chuva 159
ciência 27, 100, 112, 140, 153-154
círculos oceânicos 74
civilização 81-83
compaixão 44, 58, 62, 63, 65
Coomaraswamy, Ananda 27

dana 20, 32-33, 34
Descartes, René 154
dharma 62, 64-66
Dickinson, Emily 21
dor 52-56
dualismo 154

ecologia 22, 27, 108-109
ecologia profunda 23-24, 93-94
economia budista 141-144
educação 17, 59, 75, 102-103, 108-125
Einstein, Albert 73, 100, 153
Elmhirst, Leonard 98-100
escala 131-132
   dos assentamentos humanos 133-134
   ecologia de 137-139
   economia de 134-136
   espiritualidade e 139-141
   novo versus velho paradigma 150-155
   psicologia da 136-137
escolas-floresta 112-113, 120
espaço 159

famílias 160
filosofia grega 28, 109
física quântica 154
fogo 159
Friends of the Earth / Amigos da Terra 148, 164

Gaia 23, 154
Gandhi, Mahatma 11, 16-17, 24, 29, 33, 70-89, 98, 166
Ghomshei, Hossein 27
globalização 30, 80, 134, 152
Gorbachev, Mikhail 163
Greenpeace 37, 164

habilidades manuais 116, 117-118, 151
harmonia 14, 27, 53, 57, 59, 94, 101
Havel, Václav 33
Heisenberg, Werner 100, 145
Hillman, James 11
humildade 59-60

imperativo ético 48-50
Irã 162-163

jainismo 11, 15-17, 59-67
Jesus Cristo 33, 160

karma yogi 34
Keats, John 47
Khuda 28
Kilmer, Joyce 25
King, Martin Luther 33, 164, 166

Lao Tsé 33, 160
Limits to Growth [Limites do crescimento] 129

Lohiya, Dr. 83-84
Lovelock, James 23
lua 158

Maathai, Wangari 33
Mahabharata 60-61
Mahadev Desai 86
Mahavira 59, 64
Mandela, Nelson 33, 166
mantra da paz 41-42
Maomé 33, 160
meditação 29, 41, 55
    método de 42-45
    para a cura 42-45
Menon, E.P. 11
Monet, Claude 26
Morris, William 47, 48
mundo desenvolvido 30
mundo subdesenvolvido 30-32

Naess, Arne 23
não violência 11, 12, 15-16, 53, 62-64, 65, 66, 72, 82, 83, 88, 89, 142, 144, 163
narayan 28
natureza 22-27, 37, 71-72, 101-102, 112, 120, 138-139
Nehru, Jawaharlal 87-89
New Economics Foundation [Fundação para a Nova Economia] 148

Obama, Barack 31
oikos (casa, lar) 28, 109
oito práticas significativas 53-55
Oliver, Jamie 115
OM 44

ONU, Conferência de Estocolmo, 1972 129
Oração do Corpo Inteiro 31
Organização Mundial do Comércio 39

Papworth, John 146
paramatman 28
Paranjape, Makarand 73, 74
Parel, Anthony 78
pensamento negativo 40
pensamento positivo 40-41
Platão 98
Practical Action 148

redes 83, 154
refeições escolares 115-116
respirar com atenção 43-44
Resurgence 12, 13, 103, 146-147, 148
Rishi Gautama 120-125
Russell, Bertrand 11

sarvodaya (o bem-estar de todos) 70-72, 73, 81
Satyakam 120-125
Schumacher, E.F. 18, 39, 128-148
   legado de 146-148
   vida de 145-146
   On the Edge of the Forest 145
   Small is Beautiful [*O negócio é ser pequeno*] 17, 129-144, 146
Schumacher College 11, 12, 13, 17, 148
Sete Erros 89
shanti (paz) 35
Small School 12, 17, 113-114, 148

sociedade
   benevolência da 160
   cuidado da 14, 30-34
Soil Association, The 164
sol 158
solo / terra
   como mestre 56-59
   cuidado do 14, 21-27, 29
   sutras 64-65
swadeshi (autossuficiência local) 79-81
swaraj (autogoverno) 73-78, 81

Tagore, Rabindranath 17, 91-106, 108, 120, 170
tapas (autodisciplina) 15, 16, 20, 29, 34
Teresa, Madre 33
Terra, Trabalho e Capital 109-110, 137
trabalho 110, 151-152
   habilidades manuais 115-118
   jardinagem 116-118
   meio de vida correto 38, 54-56, 142
   psicologia da escala 136-137
   swadeshi 79-81
   Tagore e o 98-103
trindade da paz 34-42
trindades 20
Truman, Harry 30
Tulsi, Gurudev 59-67

Van Gogh, Vincent 26

yagna 20, 25-26, 34
Yudhisthira 60-61

S atish nos brinda com outra pérola de sabedoria em *Solo, Alma, Sociedade*. Com a humanidade à beira de um precipício, precisamos de mudanças que possam ser feitas por cada um de nós, com repercussões amplas para o planeta e todas as pessoas. *Solo, Alma, Sociedade* nos oferece *insights* de como realizar essas mudanças.

VANDANA SHIVA

E mbora nos círculos políticos e na mídia muitas das discussões sobre sociedades mais sustentáveis se concentrem em tecnologias e políticas, há questões mais profundas – filosóficas e éticas – que é preciso abordar. Satish Kumar pinta um quadro vívido da necessidade de buscar soluções no âmago dos seres humanos. Ele é um pensador verdadeiramente holístico e, com a profundidade de seu olhar, mostra por que precisamos adotar uma visão mais ampla de nossa trajetória rumo a um futuro mais seguro, sustentável e resiliente.

TONY JUNIPER

Texto composto em Versailles LT Std.
Impresso em papel Pólen 80gr na gráfica Cromosete.